Círculo Rojo

Un Trotamundos de Madrid

Un Trotamundos de Madrid

Diego de Labouré

Círculo Rojo
EDITORIAL

Primera edición: noviembre 2023

Depósito legal: AL 2937-2023

ISBN: 978-84-1199-618-1
Impresión y encuadernación: Editorial Círculo Rojo

© Del texto: Diego de Labouré
© Maquetación y diseño: Equipo de Editorial Círculo Rojo

Editorial Círculo Rojo
www.editorialcirculorojo.com
info@editorialcirculorojo.com

Impreso en España - Printed in Spain

Dedicado a:
mis padres,
familiares,
amigos
y los acontecimientos
que han hecho posible esta dramaturgia.

PRÓLOGO

La espiral, el ocho, la ida y la vuelta, el eterno retorno. Personalmente, no creo en la linealidad, creo que las modas, las tendencias, los gustos, los estilos, el arte… van y vienen. En un momento ecléctico y, a veces confuso, como este primer tercio del siglo XXI en que nos movemos, se constatan retornos de cosas que parecían superadas: epidemias, diluvios, comunismo, ultraderecha, en un contexto de omnipresencia digital que lo torna todo: un «sí» es «no» irreal, fantasmagórico, que transforma la sociedad y el cotidiano afán en algo que se asemeja no pocas veces un parque temático.

En Literatura todo coexiste, aunque no todo vale. Acaso imperan hoy el thriller, la historia novelada, los libros de autoayuda (que incorporan a veces aforismos filosóficos, poesía y sanación natural), la literatura romántica (quizá para compensar tristes fosos interpersonales), la biografía, disciplinas serias (astrofísica, historia, filosofía) en formato de divulgación, etc. Hay, sin embargo, tendencias o géneros que marcaron hito, huérfanos de descendencia, que no parecen haber generado continuidad en varias generaciones.

Pero justamente ahora, de repente, algunos de ellos vuelven a emerger asomando la cabeza y dentro de la generación de escritores jóvenes. A uno de ellos me voy a referir enseguida.

El esperpento, genial invención de Valle, hunde sus raíces en una ancestral tradición de sátira y humor sarcástico español, data-

11

ble ya, como poco, en el Arcipreste de Hita, las coplas de Mingo Revulgo y la Panadera, la picaresca, ciertas facetas del Quijote, Quevedo y Torres Villarroel. Tras Valle-Inclán, su cumbre en el primer tercio del pasado siglo, ecos del género se rastrean en la narrativa de Cela, las columnas de Umbral o el cine de Berlanga (que, en su singularidad y excelencia, generó un calificativo ad hoc, berlanguiano), pero como tal, el género no parecía tener continuidad. En efecto, al ser a la par teatro y narrativa, parecía tan irrepresentable como difícilmente publicable.

He aquí que un joven escritor español actual, Diego de Labouré, nos sorprende con una obra, *Un trotamundos de Madrid*, que sigue los cánones de un tan poco canónico género: en la estructura, en la escritura, en el tono, en la caracterización de los personajes, en su trepidante humor. Y, ante todo, en su estética deformante, explícitamente referenciada, de los espejos de feria de la calle del Gato, inmortalizados para siempre en Luces de Bohemia y rescatados de la piqueta por un benéfico establecimiento de las tan madrileñas patatas bravas.

Como la Comedia de Calisto y Melibea, escrita también por autor toledano (quizá, el tándem Cota/Rojas), como lo es De Labouré, este itinerario canalla, a la vez subterráneo y luminoso, a través de Madrid, es a la vez novela y dramaturgia. Ambientado un siglo atrás, en pleno esperpento, desvela la pervivencia del ruedo ibérico, las miserias que sigue escondiendo, cada vez menos, la política y gestión de una gran nación, que (hoy como entonces) pierde su fuerza en estériles debates identitarios, reinvenciones históricas y luchas fratricidas. Afortunadamente, los jóvenes españoles, al menos un amplio sector, parecen reaccionar y, con un impulso regeneracionista, intentan trascender el manido tópico de las dos Españas.

Con pocas pinceladas descriptivas, los personajes de esta obra son reales y deambulan por un Madrid perfectamente evocado, con plástica minuciosidad, un Madrid de palacios y alcantarillas, de iglesias y burdeles de lujo.

Con su *Trotamundos*, Diego de Labouré in-augura un personal itinerario en literatura, en el que podrá incursionar con garantías tanto en la narrativa como en la escritura dramática.

ANTONIO LÁZARO
Doctor en Filología, investigador literario, autor de novelas como *Club Lovecraft* o *Memorias de un hombre de palo*.

PRIMERA MITAD

ACTO I

(Madrid, calle del Arenal. Rocío en los cristales, comienzo del alba, el viento sopla, el gallo cacarea y dos jóvenes pelicortos y pelicastaños con ropa ajada y extremos descosidos huyen perseguidos por los gritos del sereno.)

CHICO 1: No sé por qué razón se pone así, no hemos conspirado contra nadie, lo juro.

CHICO 2: Solo contra unas botellas de ron en O'Brien's.

CHICO 1: Y las cubas de la semana anterior.

CHICO 2: Y… y… y aquella cosecha de rute.

CHICO 1: Muy buena añada, ¿verdad?

CHICO 2: Sí, dentro de media luna traen otro cargamento.

SERENO: Contrabandistas, ladrones, gitanos ¡Anarquistas!

CAPITÁN: Hacerme aparecer para presenciar un delirio. ¿¡Qué es este escándalo!?

SERENO: Señor capitán, yo…

CAPITÁN: (Con severidad.) ¡Respire! ¡O le ahoga la fatiga o lo asfixio yo!

Sereno: (Recobrando el aire.) Mi capitán, yo perseguía… a unos agitadores… contrabandistas.

Capitán: Bien, ¿y dónde están esos pequeños hurones?

Sereno: Desaparecidos, aquí mismo, hará un instante.

Guarda 1: (Vacilante.) A lo mejor perseguíais al viento, ¿os ha levantado, acaso, la hojarasca recogida?

Guarda 2: (Con descortesía.) Esos contrabandistas del barril, ¿os han robado la bota calle arriba?

Capitán: Iván, Ortega, ¡Ya basta! Y en cuanto a usted, el alba está al llegar. Si es cierto que existe estraperlo con el alcohol, ya puede coger a los responsables; la plebe pronto va a levantarse. Si no los atrapa, responderá usted.

Sereno: Sí, señorito Gaspar.

Gaspar: Entonces, ¿qué hace de tertulia?

(Los guardas se alejan montados sobre sus corceles mientras el sereno, viejo decrépito con pelos grasientos, cabizbajo, con candil humeante, inservible ya, bota en mano, porra resguardada en cinto y con ojos amarillentos, maldice y suplica al cielo.)

(El alba crece, los comercios somnolientos se van abriendo a las calles, comienzan a cobrar ruido y vida, y el canto de los mercaderes toma la vía. En medio del tugurio, con capa y sombrero, dos hombres apartan en su caminar a la multitud. Uno de ellos tiene un aspecto fornido, sin cabello a excepción de una perilla, con cuerpo de roble y de alta estatura. Es de Cartagena y es conocido en Madrid como «El Patriota». Su acompañante, un pícaro no más alto que él, colgaba una media melena en torno a su cuello. Sobre su cabeza, lleva un sombrero de copa con cinta violeta, y el resto de su cuerpo lo oculta bajo una capa negra con dobleces del mismo color que la cinta del sombrero. Este recibe el nombre de «Dieguito».)

Dieguito: ¿Habéis puesto a salvo a la ciudad esta noche, mi viejo amigo?

El Patriota: De esta España mísera y chabacana poco puede salvarse. Los tiempos de los héroes y las gestas llegaron a su fin; aquí todo lo puede el dinero. El país se lo reparten los políticos, y el rey no sé qué estará haciendo, si es que en verdad gobierna, salvo para sí mismo.

Dieguito: ¿Qué hay de esa España de Blas de Lezo?

El Patriota: Pocos quedan ya.

Dieguito: ¿Y de los que volvisteis de Cuba?

El Patriota: Menos todavía.

Dieguito: ¿Tumbasteis a muchos mambises[1]?

El Patriota: Cerraba los ojos.

Dieguito: Mi viejo amigo, sé de algo que tal vez pueda interesarte.

El Patriota: ¿Te traes entre manos otro de tus negocios?

Dieguito: Pueda ser.

El Patriota: No, gracias, recuerdo el de la última vez. No quiero ni imaginar en qué lío andas metido. Un día de estos, juro que acabaré junto a Patillas[2] por andar con un maleante como tú, y no menos que el más canalla.

Dieguito: ¿Acaso dudas de mí?

---

[1] Mambise era uno de los nombres con el que antes se refería a los cubanos.

[2] Uno de los nombres coloquiales que antes se utilizaba para referirse al demonio.

El Patriota: El mismo Lucifer.

Dieguito: No me hagas de rezar un rosario.

El Patriota: Tú no eres creyente.

Dieguito: Saldé el voto de mis creencias y penitencias.

El Patriota: Bebiéndoos el vino y sumergiendo las obleas.

Dieguito: «Me atrevo a hacer todo cuanto es propio de un hombre, quien a más se atreve, no lo es[3]». No he bebido más de lo que bebe el cura, ni he robado más de lo que lleva la Santa Iglesia. Hablando de hurto y alcohol, es sobre ellos sobre lo que te quería hablar.

El Patriota: No quiero embarcar tan pronto en el Aqueronte.

Dieguito: Te pido que me dejes terminar. Me encontraba bajo el abrigo de la noche, desvalijando la poca miseria que tenía el sereno, en una de mis apuestas, cuando contemplamos que dos conejos de ciudad salían de las bodegas de O'Brien's. Al parecer, no las han dejado de frecuentar en lo que llevamos de solsticio. El señorito Gaspar estaba furioso cuando se enteró de que hay quienes burlan a su espléndida guardia. Si los atrapas, ¡imagínate! Tus méritos serían reconocidos y pasarías de ser viejo veterano a miembro de la guardia.

El Patriota: ¿Para cuándo planean su próxima fechoría?

Dieguito: Para dentro de media luna.

El Patriota: En una España en la que cada uno sobrevivimos como podemos, no me extraña que algunos se revelen como Iscariote[4] y roben al prójimo para venderlo en el mercado negro.

Dieguito: No lo roban para luego venderlo... Su locura es aún mayor: se lo beben.

---

[3] Frase de William Shakespeare que aparece en Macbeth.
[4] Judas Iscariote, apóstol que traicionó a Jesús a cambio de treinta monedas de plata ante el Sanedrín.

El Patriota: ¡Que me aspen!

Dieguito: Pero bien.

El Patriota: El alcohol debe ser empleado para olvidar y no para que las juventudes, destinadas a ser plebe, adelanten su fatídico destino.

Dieguito: Aquí debo deciros adiós. Confío que tengáis una boleta[5] donde resguardaros.

El Patriota: La tengo, a muy mala estancia.

Dieguito: Adiós, amigo, os digo adiós a vos y a vuestro reflejo.

(Se encuentran en la calle del espejo.)

El Patriota: ¡Adiós! Que el tuyo jamás se refleje o será el fin de tus días como tunante.

(Se despiden en el comienzo de la calle del Espejo, donde Dieguito se adentra sin que su reflejo se muestre en los cristales, y el cartaginés baja a zancadas la calle del Recuerdo.)

---

[5] Hospedaje, apartamento.

ΛCTO 2

(Rodar de ruedas acompasados por sonido de cascos. Las ruedas tiran de una berlina color grana, con remates dorados y adornos florales. En su interior, la tapicería era de color crema. Sobre ella, tres personas van sentadas. Todas son americanas.)

(Dos son hermanos oriundos de Ohio dedicados al comercio y a la logística. Su empresa, The Ohio Star Comapny, ha conquistado el río Ohio hasta llegar a su desembocadura en Miami y su comercio con el viejo mundo se centra en el ganado, específicamente en el comercio de cerdos.)

(El tercer hombre es su hombre de confianza, que los acompaña para establecer acuerdos con España.)

JON FOSTER: Veintiocho días han pasado desde que dejamos Cincinnati. Los cerdos deben de haber engordado tanto que no cabrán en los barcos o, lo que es peor, que lleguen a hundirlos. Y no, no dispongo de embarcación militar para transporte pesado... Esto va a ser mi ruina.

ELI ISAAC: Vamos, vamos, ¿desde cuándo eres tan melodramático? Además, estamos en un país que lleva años sin prosperar, solo le queda la ganadería y agricultura que exportan a Europa y es el principal productor de cerdo. ¿Sabíais que tienen una variedad de cerdos negros, a los que alimentan nada más que con bellotas de roble, y que el precio de su carne es cuantioso?

DYLAN FOSTER: (Con voz tímida.) Había escuchado algo sobre su vino y que las personas siempre están alegres.

JON FOSTER: Será mejor que tengas razón en lo que dices. Los americanos no acostumbramos a tener una pierna de cerdo a la que ir vaciando cuando se tiene antojo… Nos parece algo grotesco, más bien cosa del diablo.

DYLAN FOSTER: Que no estemos acostumbrados a comer como los españoles no quiere decir que no podamos aprovechar el resto. En América también comemos cerdo y usamos sus partes para cocinar. Sin manteca, no hay sartén que poner al fuego. Puede ser nuestro producto de importación de lujo.

ELI ISAAC: Me alegra los ánimos ver cómo tu querida hermana es quien piensa fríamente y sin perder los nervios dentro de tu familia. Está visto que, detrás de todo gran hombre, hay una gran mujer. Puede que tú solo levantaras la compañía, pero si no fuera por tu hermana, te habría llevado unos años conseguir lo que tienes.

JON FOSTER: Y de ser un producto excesivamente lujoso, ¿quién nos lo compraría? ¿A quién lograríamos venderlo?

ELI ISAAC: Siempre quedan los restaurantes.

JON FOSTER: ¿Todos son de lujo?

DYLAN FOSTER: Vivimos mucho mejor que antes.

ELI ISAAC: Tu hermana tiene razón, desde que terminó la guerra América solo ha experimentado beneficios. El dólar no ha dejado de crecer y los bancos no paran de prestar dinero. Si hay un momento que sea el adecuado, es justo este.

Jon Foster: Confío en lo que me dices, además nunca me has fallado y controlas de estas cosas.

Eli Isaac: ¡Completamente! Y a todo esto, hay algo que nos da ventaja... Este país lleva años de conflictos internos y externos. Están desesperados por ver cómo salen adelante.

Jon Foster: ¿Qué quieres decir con eso?

Eli Isaac: Que su ruina y desesperación nos beneficia.

Jon Foster: ¿Sugieres que tu estrategia es aprovecharnos de ellos?

Eli Isaac: Sugiero que no es lo mismo tratar con un país fuerte que con un país desfavorecido. No es la misma situación tener que negociar que ser tú quien establezca las directrices.

Jon Foster: Ávido como siempre, mi querido Eli.

Eli Isaac: España es un país que no ha vuelto a prosperar desde que libramos la guerra de Independencia con Inglaterra. Su principal mal han sido sus líderes y la segregación interna que hay entre su pueblo. La iglesia católica ha mantenido y conservado férreamente tradiciones y costumbres, impidiendo la innovación y el desarrollo, y para cuando han querido lograrlo, han llegado con años de retraso. Perdieron sus colonias y hasta libraron una guerra contra los Estados Unidos por preservar lo que escasamente conservaban... Y lo perdieron todo.

Jon Foster: ¡Perdedores!

Eli Isaac: Un país que agoniza y patalea a ciegas, buscando el modo de sobrevivir, no es un rival que pueda imponernos sus condiciones.

Jon Foster: ¿Lo que quiere decir...?

Eli Isaac: Que nosotros imponemos las condiciones y un precio de venta mucho más reducido por el que debería ser el producto.

Así, aunque se venda como suculento trozo lujoso de grasa, mantenemos los beneficios.

JON FOSTER: Eli, amigo mío, que Dios bendiga esa cabeza que tienes.

DYLAN FOSTER: (Muestra sus dientes en una sonrisa jovial.)

ELI ISAAC: Los negocios son mi especialidad y mantener las buenas amistades es mi don.

JON FOSTER: Por cierto, sería bueno preguntarle al cochero, espero que no se haya despistado. No me gustaría llegar tarde.

(Justo la berlina deja de moverse, quedando completamente parada.)

ELI ISAAC: Todo en su justo momento, las diez y media.

JON FOSTER: La hora en la que estamos citados con el ministro.

(Bajan de la berlina enfrente del Ministerio de Agricultura. Ambos hermanos no echan la vista atrás y Eli se queda pagando al cochero, intentando que el pago sea mucho menor, cosa que hace que se despidan de mala gana.)

***

(El sol se alza en la media mañana, sus rayos se posan sobre una fachada en la calle del Almendro, no muy alejada del solar. Se ven marcos de ventanas y puertas con pintura verde picoteada, barandillas en herrumbre y yeso desconchado en la pared.)

(A través de un vidrio asoma un pie posado sobre los barrotes de la cama. Un calcetín con un sinfín de remiendos lo engloba y, aun así, un dedo asoma por un agujero.)

(Nuestro joven, ebrio y somnoliento, padece del duro trato que deja el alcohol tras haber pernoctado con la compañía de un señor tan exigente en la barra de un bar.)

(Se ve una habitación cúbica, desprovista de decoración, paredes desteñidas, techo goteante, suelo con la madera hinchada, armario, espejo… Una mesita de estudio es lo único que ocupa el espacio aparte de la cama con el joven Montalbán para quien, en estos momentos, el habitáculo, más que ser cúbico, es ondulante, y los escasos muebles no cesan de ir de un lugar a otro de la estancia bailando claqué.)

(Su padre y su madre entran dando un portazo.)

PADRE: Despierta, que ya son horas de estar despierto y no durmiendo.

MANUEL MONTALBÁN: (Dormido.) Ummmmmm.

PADRE: Pero qué desgraciado vas a ser en la vida, hijo mío, sin trabajo y sin provecho. ¿Y por esto debemos pagar tal suma de dinero? Al menos nosotros hemos hecho algo en la vida, y cuando muramos tendremos un nicho que nos acoja, pero ¿esto? ¿Quién querrá hacerse cargo de este deshecho?

MADRE: (Respaldando a su marido.) Escucha a tu padre, que tiene razón. Levántate, que ya son horas de hacer algo.

PADRE: ¿Hacer algo? Este no ha hecho nada de provecho en su vida.

MADRE: Es nuestro hijo, ¡qué desgracia!

(Su madre rompe a llorar.)

PADRE: Llorando no lo vas a solucionar. Esto nos pasa por darle todo de lo escaso que tenemos. Cambiamos de la vida en el campo a la ciudad, a pesar de que supondría nuestro malvivir, para que no le faltaran los estudios y no fuera un jornalero inculto... ¡Y mira cómo lo aprovecha!

Madre: Nos estás costando un quintal. Todo lo que se gana va para mantener tus estudios, que no estás en un colegio cualquiera, que en Areneros se paga bien.

Padre: ¿Cuándo se ha visto a un cura aflojar la mano cuando se trata de bienes y tierras?

Madre: (Escandalizada.) ¡Santa María purísima! No digas esas cosas, como te escuche el Altísimo... No estamos para más desgracias.

Padre: Nunca te fíes de un jesuita.

Madre: Pues son los que están dando la educación a nuestro hijo.

Padre: Porque ellos hicieron acopio del saber, privándoselo al pueblo para mantenerlo ignorante. Solo espero que le den la llave para que tenga un futuro mejor que el nuestro o el de nuestros padres, ojalá y no lo malgaste.

Madre: Todo es culpa del hijo de los Mendoza, que lo pervierte.

Padre: La segregación entre ricos y pobres es la gran desgracia que ha mantenido el sistema de castas en España. A ellos, ¿qué más les daremos los pobres? Tienen su vida resuelta y, si ven peligrar su riqueza, tienen a otro a quien aferrarse. Dinero llama al dinero.

***

(Barrio de Chamberí, residencias señoriales, palacios y hoteles han empezado a ocupar este terreno vacío.)

(Uno de ellos destaca. Es un edificio imponente, de estilo neoclásico, paredes lisas con ventanas y columnas en orden clásico, empleando la misma arquitectura en mármol tallado como decoración. Se trata de la mansión de los Mendoza, familia noble que desde hace tiempo se dedica a la actividad financiera.)

(Leopoldo Mendoza se mueve de un lado para otro con la prensa en la mano.)

LEOPOLDO MENDOZA: ¡Horror! ¡Esto es una ruina! Veintitrés años que llevamos de motines y huelgas. Los obreros profesan con el anarquismo, una fábrica arde cada cinco minutos y la tasa ferroviaria no deja de subir.

MAYORDOMO: ¿Qué mal le aqueja, señor?

LEOPOLDO MENDOZA: El de la ruina.

MAYORDOMO: ¿Significa que prescindiréis de mis servicios?

LEOPOLDO MENDOZA: Significa que España está hecha un desastre. Perdimos Cuba y Filipinas, luego Barcelona estalló en disturbio y barricadas, sufrimos la derrota en Marruecos y la inestabilidad política y social no ha dejado de persistir hasta día de hoy. Beltrán, ya no hay empresas, no queda industria ni comercio que quiera negociar con España, y así mi financiera se va a pique.

MAYORDOMO: Si me permite el señor, a media mañana llegó una carta directa del Ministerio de Agricultura. Escrita a puño y letra por el propio ministro. Parece ser que hay unos empresarios americanos dedicados al comercio y transporte ganadero que buscan establecer acuerdos con España. Dada la inestabilidad por lo que pasa el país, el ministerio no puede hacerse cargo de los gastos ni las financiaciones en esta inversión, por lo que han decretado que, si encuentran un inversor financiero, podrán lograrse tales acuerdos. El ministro es viejo amigo suyo, le debe varios favores y, dado su estatus con los negocios, procedió a recomendarle a usted. Así, envió una carta para que estuviese informado de la situación y organizase una reunión con los señores.

LEOPOLDO MENDOZA: (Con entusiasmo.) ¡A Dios padre le estoy agradecido! El Señor siempre es justo y ayuda a sus hijos.

MAYORDOMO: Su familia goza del favor divino.

LEOPOLDO MENDOZA: La nobleza siempre hemos sido los predilectos del Señor. Somos los que más hemos defendido la fe católica, proseguido con los mandatos de las Sagradas Escrituras y ayudado a mantener las funciones del clero.

MAYORDOMO: No hay quien lo discuta.

LEOPOLDO MENDOZA: Beltrán, vaya despertando a mi hijo, hay que organizar esa reunión lo antes posible.

MAYORDOMO: Como así ordene el señor.

ACTO 3

(11 de septiembre de 1922. Colegio de Areneros, un edificio enladrillado de aspecto industrial, fachadas recorridas por filas de ventanas y, en la parte central, dispuestos en tres alturas, un arco de medio punto como puerta que sostiene la segunda altura, en la que se abre un arco ojival peraltado y, en la tercera altura, sobre su cima, una pequeña torre rectangular con arcos de medio punto en cada lado. Sobre ellos están dispuestos en cada cara cuatro relojes. Adornando la cúspide de la torre, se encuentra una forma arquitectónica semejante a una corona.)

(Se ve un marco de madera en color blanco por el que los alumnos pasan para ir ocupando los pupitres. El nuevo curso está por comenzar y dos jóvenes, pelicortos y pelicastaños, con ropa de uniforme arreglada y pulcra, entran en el aula. Son Montalbán y Mendoza.)

MANUEL MONTALBÁN: No sabes cuánto me alegro de volver a verte, por un momento pensé que la semana anterior podíamos darnos por muertos.

(Gabriel Mendoza ríe entre dientes.)

Gabriel Mendoza: ¿Pudiste ver cómo les dimos esquinazo? Mientras conozca los subterráneos de Madrid, les será imposible atraparnos. Beneficios de la biblioteca de mi padre. Por cierto, faltan dos días para la entrega del nuevo cargamento.

Manuel Montalbán: Sí, bueno, sobre eso…

Gabriel Mendoza: ¿A ti qué es lo que te ocurre? ¡No me digas que te lo estás pensando!

Manuel Montalbán: No es eso, pero es que mis padres, los estudios…

Gabriel Mendoza: No me digas más. Pensaba que eras mi amigo después de estos años… Lo había preparado pensando en ti.

Manuel Montalbán: Por favor, ruego que no te pongas así. Tu amistad me es muy preciada.

Gabriel Mendoza: Sabes que, aparte de mí, los demás no te aceptarán por tu condición.

Manuel Montalbán: La razón es por mis padres y lo mucho que les está costando este sitio.

Gabriel Mendoza: Si es por dinero, a mí me sobra a raudales.

Manuel Montalbán: ¿Es cierto lo que dices?

Gabriel Mendoza: No te preocupes. A mi padre nunca le va a faltar el dinero, le siguen floreciendo los negocios. No tengo por qué preocuparme por el futuro. Siempre habrá algo con lo que mi fortuna se mantenga.

Manuel Montalbán: Ojalá tuviera tanta suerte…

Gabriel Mendoza: De las notas y el Tribunal, despreocúpate. Mi familia lleva años aportando religiosamente a la iglesia, el nombre de mi padre es sonado.

Manuel Montalbán: Al final sí que voy a tener tanta suerte.

GABRIEL MENDOZA: Mientras permanezcas conmigo... ¿Has cambiado de parecer?

MANUEL MONTALBÁN: ¿Entramos por donde siempre?

GABRIEL MENDOZA: Esta vez seguiremos otra ruta.

(Enmudece el ruido y el murmullo. Un vuelo negro atraviesa el cerco de la puerta, eclipsando el blanco marfil del marco. El color blanco de la pared también es absorbido y ocultado en su caminar.)

(Aparece una túnica azabache, desde los pies hasta el alzacuellos; botas lustres, torso enfundado en cinto, papada pellejuda, capilares canosos sin recortar, nariz ganchuda y mirada afilada resguardada por dos lentes semicirculares.)

MAESTRO: (Con las manos juntas.) Padre nuestro que estás en el cielo.

ALUMNOS: (Puestos de pie.) Santificado sea tu nombre.

UNÍSONO: Venga a nosotros tu reino; hágase tu voluntad tanto en la tierra como en el cielo. Danos hoy el pan nuestro de cada día; perdona nuestras ofensas como nosotros perdonamos a los que nos ofenden; no nos dejes caer en la tentación y líbranos del mal.

MAESTRO: Amén.

ALUMNOS: Amén.

MAESTRO: Mas líbranos del Maligno, Amén. (Se santigua.) *In nomini patris et filii et espiritus santi.*

(Extiende sus brazos hasta depositar sus delgados y huesudos dedos sobre la mesa mientras tensa los codos y los hombros, como arbotantes que lo sostienen, listo para dar su discurso.)

MAESTRO: Como sabrán, se encuentran en un momento de suma importancia en su formación. Al igual que el cordero descarriado

que ha escuchado la llamada del Señor y se encamina a la bienaventuranza y ha de pasar por las últimas pruebas, así han de
hacer todos ustedes en este último año. He de advertirles que,
a finales de este curso, todos deben pasar ante el Tribunal, si de
verdad es su deseo acceder a la universidad.

(Aparta la pesada silla, sentándose ante la mesa.
Aferra la pluma y destapa el tintero.)

GABRIEL MENDOZA: (Dirigiéndose a su amigo.) Ya verás qué sor-
presa se va a llevar en cuando moje el plumín.

MAESTRO: ¡Abadía!

ABADÍA: Presente, maestro.

MAESTRO: ¡Acevedo!

ACEVEDO: Presente, maestro.

MAESTRO: ¡Botrán…!

(Gorgoteante, negro, gordo y chorreando tinta negra, un escara-
bajo pelotero se encuentra ensartado por la pluma del maestro.)

MAESTRO: (Estalla en cólera.) ¡Inaceptable! ¡Intolerable! ¿Quién
ha sido?

(Estallan estruendosas risotadas de los alumnos.)

MAESTRO: ¡Hablad!

MARTÍNEZ: (Señalando con el dedo.) Seguro que ha sido Montalbán.

MANUEL MONTALBÁN: (Asombrado.) ¿Yo?

Maestro: (Con rictus severo.) Sí. Probablemente alguien de su casta proceda a cometer actos tan indisciplinados. ¡Acérquese!

(Gabriel Mendoza se pone de pie.)

Gabriel Mendoza: Maestro, no lo castigue. He sido yo quien profirió en la gamberrada.

Maestro: (Relaja la voz.) Admirable, sinceramente admirable su noble gesto, por arriesgar por su compañero y también por un pueblerino; pero, señor Mendoza, por mucho que busque hacerlo creer, toda persona de bien y temerosa de Dios sabe que esto no procede de alguien de su clase. (Retorna a su actitud severa.) ¡Montalbán, le he dicho que se acerque! No haga que pierda más el tiempo. Incline la cabeza y muestre el cuello.

(El maestro alza e inclina el recipiente, descargando un chorro de tinta sobre el cuello del joven Montalbán. La tinta le corre por la espalda, empapando la piel y manchando la ropa.)

Maestro: Señor Montalbán, debido a su sabotaje me he quedado sin tinta que me sirva para seguir pasando lista. Le agradecería que llevara el tintero a recargar y que, posteriormente, se persone de forma voluntaria ante el director para que conste su fechoría; y no se le ocurra pasar a ninguno de los sanitarios, en su transcurso, para limpiarse.

ACTO 4

(Calle de Espoz y Mina n.º 7. O'Brien's[6], un pub irlandés. Tiene la fachada de madera pintada con pintura verde, farolillos colgados y dos grandes escaparates flaquean la puerta.)

O'BRIEN: Sería una grosería que pusiera en entredicho a los agentes de la ley y el orden, pero me reservo para mí mis dudas sobre si todo lo que están desplegando servirá para atrapar a los ladrones. Yo ya lo he intentado todo y no he tenido resultados.

GASPAR: Señor O'Brien, cuenta con la mejor guardia formada en España. Desconozco cómo resuelven en Irlanda sus problemas, pero a nosotros no se nos escaparán.

O'BRIEN: Combatiendo en vez de quejarse y lamentarse tanto, como hacen los españoles.

GASPAR: No sé de qué quejas y lamentos habla usted. Este es un país del que el resto de los países siente envidia.

O'BRIEN: Solo por vuestro sol y, aun así, tantas horas de vitamina D parecen no ser buenas, porque los españoles tenéis la cabeza completamente chamuscada.

---

[6] Emblemático pub irlandés de Toledo, calle Armas, n.º 12.

GASPAR: ¡Basta! Se vigilarán sus bodegas porque es mi deber mantener la ley y el orden. No obstante, no pienso proseguir con esta parafernalia.

(O'Brien's queda repleto por miembros de la guardia. Algunos se mantienen en pie, otros dan rondas por las bodegas, y los que pueden, sin que los vean, se sientan en las sillas de las mesas que quedan en la penumbra.)

(Dos figuras se quedan sentadas ante el tibio chorro de luz que entra por uno de los cristales. Están enfrente de la barra, a la mano izquierda y derecha de Gaspar, y son Ortega e Iván.)

ORTEGA: Ya te he dicho que por mucho que te esfuerces no la voy a probar.

IVÁN: Pero ¿por qué? No veo que esté mala.

ORTEGA: Porque teniendo vino y cerveza española, ¿qué necesidad tengo de probar la extranjera?

IVÁN: A ti no hay quien te tuerza.

ORTEGA: Tómate tú la Guinness.

IVÁN: ¡A mi salud!

***

(Esa misma noche, bajo el suelo de Madrid, dos diminutos cirios surcan lóbregos pasillos adoquinados y arcadas enladrilladas.)

MANUEL MONTALBÁN: No sabía que en el Palacio Real hubiera un acceso a los subterráneos.

Gabriel Mendoza: Se construyó para que el rey pudiera asistir a misa sin pisar la calle.

Manuel Montalbán: Ahm.

Gabriel Mendoza: Tenemos que emplear este camino… Después de la aparición de Gaspar la otra noche, seguro que está lleno de guardias.

Manuel Montalbán: ¿No te preocupa que nos atrapen?

Gabriel Mendoza: No podrán.

***

(Un tablón liso de madera se alza levitando sobre el suelo, empujado por unos dedos. Tras estos, dos ojos avellana se proyectan.)

Gabriel Mendoza: (Sosteniendo el tablón y asomándose.) Como imaginaba, están todos dormidos.

Manuel Montalbán: ¿Cómo lo has sabido?

Gabriel Mendoza: Es obvio. En este país, mientras no esté la figura de autoridad presente, no hay quien arree.

(Manuel Montalbán comprueba si puede entrar alguien por la puerta y manipula con cuidado el pomo.)

Manuel Montalbán: La han sellado… Y habla más bajo, escucho pisadas al otro lado.

Gabriel Mendoza: Han debido cerrarla pensando que, si entrabamos desde fuera, no pudiéramos acceder, y de hacerlo directamente en el interior de la bodega, que hubiera guardas que nos asaltasen. Así, con la puerta sellada no hubiéramos podido escapar. ¡Muy habidos!

Manuel Montalbán: De todas formas, no les ha salido como ellos esperaban.

Gabriel Mendoza: Gaspar confía demasiado en su autoridad, pero, cuando no está, sus hombres revelan su verdadera naturaleza.

Manuel Montalbán: (Mientras levanta el brazo de uno de los guardas que mantiene aferrada una botella de aguardiente y que ha quedado recostado sobre un taburete.) Hasta se han bebido algunas botellas antes de que llegásemos.

Gabriel Mendoza: Llevémonos lo que hemos venido a buscar.

***

(Más tarde, recorriendo los mismos pasillos adoquinados y arcadas enladrilladas, los dos ladrones vuelven de regreso hacia la entrada de los subterráneos sin saber que se toparían con algo que no esperaban encontrar.)

Manuel Montalbán: Brillante, sinceramente brillante.

Gabriel Mendoza: Gracias, gracias, no quisiera acaparar toda la gloria.

Manuel Montalbán: Si no fuera porque conoces estos secretos, no sé cómo hubiéramos logrado entrar.

Dieguito: Me da que no es el único que conoce estos lares.

Manuel Montalbán: ¿Quién ha dicho eso?

Dieguito: Una sombra.

(Aparece Dieguito, enfundado en su capa y sombrero, mientras se apoya sobre un bastón de pomo alargado, cerrándoles el paso hacia la salida.)

DIEGUITO: ¿Así que vosotros sois quienes llevan tiempo desvalijando a ese viejo *leprechaun*[7]?

GABRIEL MENDOZA: No tenemos la obligación de responder; y menos aún con alguien que no se digna a revelar su nombre.

(Gabriel Mendoza saca y abre una navaja
de debajo de su chaqueta.)

MANUEL MONTALBÁN: Además, nosotros somos dos.

DIEGUITO: ¡Ah! En eso puedo corregirte, mi joven amigo. Somos dos para dos.

(Dieguito desenvaina el estoque de su bastón.)

GABRIEL MENDOZA: ¿Dos? ¿Dónde está el otro?

(El Patriota tira de la llave de chispa, cargando, un viejo trabuco de madera seca con marcas de salitre en el metal.)

EL PATRIOTA: Si me buscáis, aquí me tenéis.

DIEGUITO: De ser vos, no dudaría entre obediencia o muerte. Séptimo cuenta con ardua experiencia en combate y sus métodos son menos ortodoxos que los míos.

SÉPTIMO: ¿Por qué revelas mi nombre así, a los cuatro vientos, cuando tú ni te has dignado a decir el tuyo, eh, Dieguito? ¡Y tú, suelta el miembro! Al único al que lograrás lastimar será a ti mismo.

(Gabriel Mendoza suelta la navaja.)

---

[7] Ser fantástico del folclore irlandés. Es un individuo de pequeño tamaño que es un hacedor de zapatos, aunque las leyendas populares le representan vistiendo en color verde con un trébol y custodiando marmitas repletas con monedas de oro.

Manuel Montalbán: ¿Van a hacernos daño?

Dieguito: No más del que os habéis hecho a vosotros mismos. (Pone la punta de su estoque en el pecho de Mendoza.)

Gabriel Mendoza: ¡Canallas! Habéis jugado sucio.

Dieguito: Yo nunca juego sucio… Sencillamente, me gusta jugar con ventaja.

Manuel Montalbán: ¿Qué pretenden hacer con nosotros?

Gabriel Mendoza: ¿No es obvio? Entregarnos. Seguro que piden una recompensa.

Dieguito: ¡Así es! Y que mi amigo sea acogido en la guardia.

Gabriel Mendoza: No hay hombre con tan poca dignidad como para querer servir por propia voluntad a un bellaco como Gaspar.

Séptimo: Los hay peores, créeme, enfundados y condecorados con medallas y galardones. Aunque ni con todo el oro del mundo se puede disimular su hedor a puerco, ni sus bocas putrefactas, ni tan siquiera sus manos manchadas con la sangre de haber ascendido traicionando a sus compañeros y aguantando chuscos. Muchacho, cuando se pasa hambre ningún trabajo es deshonroso.

Dieguito: ¿Los atamos o, en cambio, accederán a cooperar?

Séptimo: Son solo dos críos, Dieguito. ¿No crees que nos estaríamos propasando?

Dieguito: No creo que sean tan críos, mi buen amigo, o, al menos, no se puede decir por parte de usted, señor Mendoza. Sí, sé quién es y ni toda la fortuna ni la biblioteca de su familia son suficientes para llegar a saber las cosas que usted ha logrado conseguir: saber en qué fechas traen el cargamento, qué clase de productos tratan, cómo acceder sin ser visto… Me da que esa información viene de fuera.

Manuel Montalbán: ¿Qué es lo que está queriendo decir?

Gabriel Mendoza: (Forzadamente.) No sé de qué está hablando.

Dieguito: No te falta valor, joven, pero se te nota al mentir.

Manuel Montalbán: ¿De qué está hablando? ¡Mendoza!

Gabriel Mendoza: ¡Cállate!

Dieguito: ¡El que no se tiene que callar eres tú! Si prefieres guardar silencio, Séptimo aún recuerda cómo eran los interrogatorios en Cuba.

Séptimo: Estamos sepultados a varios metros bajo tierra, y en unas horas en las que nadie te escuchará aullar.

Manuel Montalbán: Gabriel, por el Altísimo, diles lo que quieren saber y que nos dejen en paz.

Gabriel Mendoza: (Costándole hablar.) Confabulo… con anarquistas…

Dieguito: Comienzan los primeros pasos.

Manuel Montalbán: ¿Cómo dices?

Séptimo: ¿Qué más? No te lo guardes.

Gabriel Mendoza: Confabulo desde hace un tiempo con una banda de anarquistas huida de Barcelona. Llegamos a un acuerdo: yo les aprovisiono de los secretos que mi familia conoce acerca de los políticos y de lo que ellos necesiten, a cambio, ellos me dan lo que obtienen del contrabando o me mantienen informado de los nuevos movimientos. Aunque recientemente el trato ha cambiado. No son tan amables como antes. Vivo amenazado. Saben cómo llegar a donde vivo y cómo dar conmigo en cualquier lugar de la ciudad… Cada vez piden más dinero y que les cuente todos los secretos que los políticos confían en mi familia para así continuar con sus chantajes y disputa política.

DIEGUITO: Parece ser que vinimos a recoger unas monedas…

SÉPTIMO: Y nos encontramos con un tesoro.

DIEGUITO: Caballeros, siéntense, creo que podemos negociar entre nosotros cuatro.

ACTO 5

(En la noche y en el día se zanjan negocios. A finales de esta misma semana, viernes 15 de septiembre de 1922, a las 17:30 de la tarde tiene lugar el encuentro entre los hermanos Foster y los Mendoza en su mansión.)

MAYORDOMO: Sean bienvenidos los señores.

JON FOSTER: Agradecemos el recibimiento, ¿podemos comenzar ya con las negociaciones?

MAYORDOMO: Por supuesto, señor, pero antes debo pedirles sus pertenencias para que sean depositadas.

JON FOSTER: Aquí tiene.

DYLAN FOSTER: Gracias.

ELI ISAAC: Que no se arrugue.

(Beltrán hace sonar una campanilla y por una puerta aparece un asistente a quien entrega las pertenencias.)

MAYORDOMO: Lleve a guardar las pertenencias de los señores sin que sufran ningún desperfecto.

Asistente: Así se hará.

Mayordomo: Señores, acompáñenme, el señor Mendoza les espera en la sala grande.

(La sala grande es el más amplio, lujoso y con mayor luminosidad entre los salones de la mansión de los Mendoza.)

(Una puerta de roble da acceso a un gran salón. Nada más pasar, justo enfrente, queda una gran cristalera formada entre vidrio y hierro montando múltiples cuadraditos y, dada a su gran amplitud, más que una cristalera parece una pared. Varios y finos pilares con acanaladura de arista viva sostienen el techo de la estancia. Los colores que adornan la sala son cálidos y relajantes, de gama pastel, predominantemente el color azul, principalmente el celeste en paredes y moquetas. Lo demás queda en otras gamas de azules algo más tenues, dejando relegado el color blanco como color secundario en la decoración.)

(En un sillón, dando la espalda a la cristalera, frente a una mesa de placa pulida de mármol con patas de oro y rodeada por un sofá y otros sillones, se encuentra sentado Leopoldo Mendoza.)

Mayordomo: (Abriendo la puerta de roble en arco ojival.) Con el permiso del señor, acaban de llegar los señores.

Leopoldo Mendoza: Señores, señores, sean bienvenidos.

Jon Foster: Agradecemos su hospitalidad, aunque, como decimos en América: los negocios son los negocios.

Leopoldo Mendoza: Faltaría más, señores, esa profesionalidad es la propia de los americanos.

Jon Foster: Es lo que nos diferencia del resto de países.

Leopoldo Mendoza: Cómo no.

ELI ISAAC: Nuestros negocios con España no pueden proseguir a no ser que haya quien financie el proyecto, dada la inestabilidad político-social que sufre su gobierno y su incapacidad para poder financiar este proyecto.

LEOPOLDO MENDOZA: Estoy bien informado de este menester.

ELI ISAAC: Por consiguiente, tenemos que negociar el precio que nos costará cada cabeza de animal, su exportación y lo que usted deba financiar a los ganaderos.

LEOPOLDO MENDOZA: Respondiendo a lo que nos expone, señor…

ELI ISAAC: Me llamo Eli Isaac.

LEOPOLDO MENDOZA: Sí, señor Isaac. Tomando lo que me expone usted, habrá que establecer el precio de cada pieza en función de cada uno de sus kilos y llegar a un acuerdo con los ganaderos.

ELI ISAAC: Aguarde un momento, ¿quiere decir que piensa cobrarnos cada cabeza en proporción de cada uno de sus kilogramos de peso?

LEOPOLDO MENDOZA: Sí, así es como usted me ha escuchado decirlo.

ELI ISAAC: Eso dispararía por los aires el presupuesto de compra.

LEOPOLDO MENDOZA: Esta es la forma que tenemos de cuantificar el valor del cerdo Ibérico en España.

ELI ISAAC: En América, la cabeza de cerdo sale por cuarenta dólares.

LEOPOLDO MENDOZA: Pero no estamos en América, sino en España.

ELI ISAAC: Totalmente de acuerdo con usted. No estamos en América. Lo que eso significa que el valor de la mercancía se reduce, ya que esos cuarenta dólares son por un cerdo sano criado en suelo americano sin que haya sufrido la necesidad de moverse. Las garantías de que el animal llegue sin padecer ni enfermar a su destino final y con el mayor esplendor de su carne y su grasa no están completamente garantizadas. Señor mío, estos cerdos tendrán que atravesar todo un océano, ¿me garantiza usted la estabilidad y supervivencia de cada uno de ellos?

LEOPOLDO MENDOZA: Comprendo bien lo que dice, señor Isaac, aunque no profeso de igual manera que su raciocinio. Estamos hablando del cerdo ibérico, la mejor carne en España y una de las joyas de la corona gastronómica.

JON FOSTER: ¿Cuánto estaríamos hablando del precio por cabeza?

LEOPOLDO MENDOZA: De dos pesetas y media por kilogramo de peso, y si el peso total de un cerdo ibérico ronda entre los ciento cincuenta y doscientos kilos, estaríamos hablando de unas quinientas pesetas.

JON FOSTER: ¿Eso cuánto es?

ELI ISAAC: Unos quinientos dólares.

JON FOSTER: Estará usted de broma.

LEOPOLDO MENDOZA: Señor mío, si algo ha caracterizado a mi familia es su seriedad con los negocios.

JON FOSTER: Es excesivamente caro.

ELI ISAAC: Si pretendemos importar un cargamento de cien cabezas de cerdo, nos saldría por 50 000 dólares.

JON FOSTER: Tal inversión arruinaría a la compañía.

ELI ISAAC: Señor Mendoza, me da que no solo España pasa por una maltrecha situación, sino también su familia. Un país enfermo solo profiere una población enferma, y me da que no le afloran los negocios desde hace tiempo. Ambos miramos por el bien de nuestras empresas, así que le propongo un acuerdo.

Leopoldo Mendoza: ¿Y bien, qué es lo que sugiere?

Eli Isaac: Le propongo el pago de cincuenta dólares por cabeza, un 10 % más de lo que cuesta un cerdo americano, ya que se trata de una variedad de lujo, y otros cincuenta dólares por el cargamento de cien piezas por cada barco, para asegurar las pérdidas si se produjeran.

Leopoldo Mendoza: Beltrán, ¿de cuánto se trataría en pesetas?

Mayordomo: Parece ser que el señor Isaac sugiere el pago de unas cinco mil cincuenta pesetas por el cargamento de cien unidades.

Leopoldo Mendoza: ¡Eso es una birria!

Eli Isaac: O lo toma o lo deja.

Leopoldo Mendoza: (Irascible.) ¡Nos arrebataron Cuba y Filipinas! Perdimos los Virreinatos en las Américas por las revoluciones que alentaron. Nos hemos visto cercenados y reducidos, ¡y ahora profanan y pretenden que, por cuatro duros, le entreguemos las riquezas del país!

Eli Isaac: Es la ley natural. Pura selección natural. El más fuerte es quien manda, y ahora los Estados Unidos somos los más fuertes.

Mayordomo: Pido al señor que se calme, son inescrutables cada una de las palabras que el señor Isaac ha pronunciado y, dada la situación que vivimos, no tenemos la posición de mando, por lo que debemos adoptarnos a lo que nos ofrecen.

Leopoldo Mendoza: ¡Está bien, pero que sean cien pesetas por cada cargamento[8]!

Eli Isaac: Nos parece aceptable. Ha sido un placer hacer negocios.

---

[8] Es complejo establecer el valor entre la peseta y el dólar de principios del siglo XX, por lo que se establece un redondeo/similitud con el valor monetario actualmente entre el euro y el dólar actual.

(Se despiden y salen de la sala grande. Bajando las escaleras, se cruzan con dos jóvenes que suben a la parte alta de la mansión donde se encuentran las habitaciones. Manuel Montalbán y Dylan Foster cruzan sus miradas. Él observa a una bella dama de escasa veintena, pelo castaño claro y con los cabellos cortos, tez blanca y rostro perfilado, ojos iluminados en intenso color azul y orejas pequeñas, apenas sin lóbulos, cortados en una tajante.)

(Manuel Montalbán se siente ruborizado y prendado de la joven, mientras que ella no muestra interés.)

ACTO 6

(Atardecer del 31 de octubre de 1922. Montalbán y Mendoza descansan sobre la terraza del Ateneo de Madrid, mientras se enfrascan en un debate sobre sus opiniones políticas.)

MANUEL MONTALBÁN: Otro atardecer sobre el cielo de Madrid.

GABRIEL MENDOZA: Y puede que no tarde en cernirse el crepúsculo eterno sobre España.

MANUEL MONTALBÁN: ¿Por qué dices eso?

GABRIEL MENDOZA: Montalbán, ¿no te has fijado últimamente en cómo está el país?

MANUEL MONTALBÁN: Es cierto que vivimos más agitación en estos tiempos, pero eso no tiene por qué ser el fin de España; nos sigue quedando el campo. España es muy amplia, las tierras son ricas y comienza a construirse la industria.

GABRIEL MENDOZA: Se nota que eres de campo por todo lo que has dicho y por haber estado alejado de las ciudades. Desconoces los males que hereda España.

MANUEL MONTALBÁN: Insultar sale gratis.

GABRIEL MENDOZA: No te he insultado.

Manuel Montalbán: Acabas de considerarme un necio y un simplón por cómo lo has dicho y afirmado.

Gabriel Mendoza: Te pido disculpas si así te quedas más tranquilo. Lo que te he dicho, no deja de ser una realidad. España está dividida y no solo en su territorio, también su sociedad.

Manuel Montalbán: Me estás diciendo que hay cosas de las que no se enteran en otras partes…

Gabriel Mendoza: Parece que lo vas pillando. En España, depende de la zona en dónde hayas nacido, así estarás bajo un mando de poder y de influencia: «El orden emanado del poder obtiene obediencia de los miembros de la comunidad[9]». Llevamos así desde hace casi cien años. Las zonas rurales, aisladas e incultas, han sido sometidas bajo el yugo de la iglesia, dominados mediante el temor y el miedo, hasta el punto de dejar de ser motivo suficiente salvar el alma por el pecado original… Ahora, dependiendo de tu inclinación política, te salvas o te condenas… Con la instauración de la democracia, los terratenientes se convierten en caciques y, al igual que el clérigo, dictan a quién votar, manteniendo de esta manera el burdo velo de la democracia[10]. Por otro lado, el sentimiento anticlerical ha permanecido y se ha ido extendiendo, radicalizando sus posturas y sus actos, quemando conventos y asesinando curas y monjas. Los anarquistas, antiguos artesanos y trabajadores, para quienes la creación de la máquina supuso la pérdida de sus trabajos, se rebelan contra el lazo que les subyuga, queman fábricas y asesinan a los patrones. Y respecto a nuestra producción industrial y al campo, todavía son escasos. Nuestros campos serán extensos, pero áridos y de difícil cosecha.

Manuel Montalbán: Me pregunto cuándo empezamos a menguar mientras que el resto de las naciones no han dejado de crecer.

---

[9] Frase pronunciada por Bertrand de Jouvenel.

[10] Actualmente mantienen este burdo velo difundiendo el temor de la llegada de la ultraizquierda o la ultraderecha junto con el recuento de votos.

GABRIEL MENDOZA: Desde que perdimos la cabeza.

MANUEL MONTALBÁN: ¿Y el cuerpo?

GABRIEL MENDOZA: Lo fueron engullendo los demás países. Por eso han crecido tanto[11].

MANUEL MONTALBÁN: ¡Canallas! Aprovecharon nuestra debilidad para hacerse grandes.

GABRIEL MENDOZA: Ya ni siguiera somos débiles. Hemos terminado por claudicar y ahora España entera se encuentra agonizando instantes antes de perecer.

MANUEL MONTALBÁN: Malditos sean todos nuestros dirigentes. ¡Malditos todos ellos, desde el rey hasta el último de los políticos!

GABRIEL MENDOZA: España es un país donde la figura del rey es de suma necesidad.

MANUEL MONTALBÁN: No estoy de acuerdo en lo que dices. A pesar de los Austrias, los Borbones han sido la mayor desgracia para este país, tan solo uno bueno se salva[12].

GABRIEL MENDOZA: No lo digo por eso, sino porque los españoles necesitan siempre alguien a quien echarle la culpa de sus males.

MANUEL MONTALBÁN: Al final, el español mismo es el problema de España. Y pásame la botella, que te la vas a beber tú toda.

GABRIEL MENDOZA: No. Tengo algo mejor para ti.

MANUEL MONTALBÁN: ¿Vuelves a tener algo exótico?

GABRIEL MENDOZA: Has adivinado.

---

[11] Se refiere a la pérdida de los virreinatos en las Américas y las últimas colonias por influencia de Inglaterra, la masonería y la política antihispanista de Estados Unidos.

[12] Habla de Carolus III Hispanorum Rex, o sea, Carlos III de Borbón.

MANUEL MONTALBÁN: ¿Te han traído lo que fuman en China? ¿Opio?

GABRIEL MENDOZA: No.

MANUEL MONTALBÁN: ¿Cannabis?

GABRIEL MENDOZA: Tampoco.

MANUEL MONTALBÁN: Entonces, ¿qué es?

GABRIEL MENDOZA: *Salvia divinorum*[13].

(Gabriel Mendoza abre sus palmas mostrando unas hojas verdes y volviéndolas a cerrar al ver que su compañero entiende las suyas para cogerlas.)

GABRIEL MENDOZA: Aunque mejor tómalas cuando estés en el suelo.

---

[13] Planta herbácea de la familia de las lamiáceas originaria de México en las zonas de Oaxaca, en San José Tenango, caracterizada por ser un psicotrópico capaz de alterar el estado de consciencia.

ACTO 7

(1 de noviembre de 1922, sol en el poniente, transeúntes con abrigos y viento frío recorre calles y avenidas. El murmullo urbano se tranquiliza dejando que solo se escuche el sonido del tranvía. Luces cálidas y tenues se propagan por la ciudad consiguiendo un paisaje más relajado.)

(Manuel Montalbán camina próximo a la Plaza Mayor con el regalo que le dio su amigo en sus manos.)

MANUEL MONTALBÁN: Según me dijo Gabriel, estas hojas es mejor consumirlas cuando no haya mucha luz y con apenas ruido. Ahora sería el momento ideal, ¡vamos a probarlas!

(Abre la boca e introduce la *salvia divinorum*. La mastica, sorbe la saliva y deja la papilla bajo la lengua.)

MANUEL MONTALBÁN: Pues nada. Esto no hace nada. No estoy sintiendo…

(Lo callan unas voces provenientes de un ser diminuto pisado bajo sus pies.)

TRASGUS: ¡Me estás pisando, levanta!

Manuel Montalbán: ¡Ah!

Trasgus: Gracias, ya era hora.

Manuel Montalbán: ¿Qué eres tú?

Trasgus: ¿Yo? Soy un trasgus, y por haber sido bueno te llevaré de viaje conmigo, Manuel Montalbán.

(Es un pequeño ser de orejas puntiagudas, gorro rojo, piel grisácea, ojos amarillentos con pupilas de reptil, con un agujero en una de la palma de sus manos y vestido con ropa de color rojo y zapatos de cuero.)

(Según va siguiendo a la criatura, Manuel Montalbán puede percatarse de que el Madrid lóbrego de adoquinado gris y fachadas apagadas empieza a transmutarse. El camino por el que le guía el trasgus comienza a ser de adoquines de colores hasta cubrir todo el suelo con un vasto arcoíris. Los adoquines más amables, además de tener los colores más vívidos, también cantan. Al pisarlos, un agudo Do, un grave Fa o un agradable La son emitidos[14].)

Manuel Montalbán: Buena gente, ¿a dónde me lleváis?

Trasgus: A que vivas una aventura.

Manuel Montalbán: Esperadme, no me dejéis atrás.

Trasgus: No hace falta esperar, hemos llegado. Nuestra primera parada. Mira hacia delante y encamínate.

(Amplias, circulares, unas sobre otras, se encuentran más de cuatro pozas de agua en las que nadan y saltan de poza en poza un

---

[14] Este orden de notas, Do, Fa, La, es la segunda inversión del acorde de Fa: Fa, La, Do, estando la tercera nota en el bajo, siendo un acorde bastante «inestable», al igual que el estado de consciencia de Manuel Montalbán.

grupo de hermosas nereidas. Son fuentes de juventud, de cabellos rubios y ojos claros, y con una piel blanca como el alba. Chapoteando, se dirigen a Montalbán.)

NEREIDAS: Manuel Montalbán, Manuel Montalbán, el pícaro ha seguido al trasgus y viene a mirar.

MANUEL MONTALBÁN: Ruego que me disculpen, mis señoras, pues no era mi intención verlas en cueros mientras se bañan.

NEREIDAS: Manuel Montalbán, Manuel Montalbán, le da miedo ver a una mujer en su estado natural.

MANUEL MONTALBÁN: Yo no tengo miedo.

NEREIDAS: Manuel Montalbán, Manuel Montalbán, le asusta una mujer.

MANUEL MONTALBÁN: ¡Callaos!

NEREIDAS: Manuel Montalbán, Manuel Montalbán, sucumbe ante una mujer.

MANUEL MONTALBÁN: De seguro que de esta os vais a enterar.

NEREIDAS: Manuel Montalbán, Manuel Montalbán, eres un guarro y un cínico, deja de orinar en nuestras aguas.

(Mientras, en la realidad, las pozas no son otra cosa que cántaros de leche y las nereidas cantoras que saltaban entre poza y poca son gorriones que revolotean y cantan.)

ALGUACIL: ¡Paco! ¡Sal, que aquí hay un gamberro que se está meando en los cántaros de la leche ordeñada esta mañana!

TRASGUS: Vámonos o el ogro nos hará trizas.

(Escapan de la plaza de la Providencia[15], corren y corren por la calle Imperial, calle de Toledo y calle de Segovia hasta llegar exhaustos a la calle de San Pedro.)

(Delante de ellos, un grupo de damas emperifolladas se dirigen a la iglesia de San Andrés Apóstol. Entre ellas se encuentra Dylan Foster, a quien una ráfaga de viento levanta la falda, mostrando sus enaguas.)

TRASGUS: Te gusta esa doncella, ¿eh?

MANUEL MONTALBÁN: Es muy bella.

TRASGUS: Podemos secuestrarla.

MANUEL MONTALBÁN: No, eso sería terrible.

TRASGUS: Sígueme antes de que concluya nuestra aventura.

(El trasgus conduce al joven toledano a través de la plaza de San Andrés y bordean la iglesia hasta llegar a una puerta disimulada próxima al ábside.)

TRASGUS: Por esta puerta accederás a unas escaleras que ascienden a un pequeño ático próximo al ábside. En el suelo hay un agujero. Si te sientas en la tercera fila, en el primer asiento, podrás verla mucho mejor de lo que has visto antes.

MANUEL MONTALBÁN: No tengo todas conmigo de lo que me dices, aunque con una musa como ella merece la pena el intento.

TRASGUS: Yo no puedo acompañarte, de hacerlo, San Pedro me freiría de poner pie en suelo santo.

MANUEL MONTALBÁN: Gracias, buena gente.

(Al girarse, en vez de seguir allí el trasgus, lo que ocupa el lugar es un enorme y gordo gato negro callejero maullando.)

---

[15] El palacio que allí se encuentra antes era una cárcel.

GATO: Miau, miau.

MANUEL MONTALBÁN: Con Dios.

GATO. Miau, miau.

(El final de la escalera, en efecto, da a un pequeño ático, y en el suelo se encuentra ese agujero del que había dicho el trasgus.)

(Cuando Montalbán se asoma puede ver que la bella americana está en la fila y en el asiendo indicado, moviéndose y contornándose al no aguantar más el frío. Abre y cierra las piernas, las agita y deja de agitar, mostrando las enaguas azules cinceladas a su cintura y a sus muslos, marcando en la tela, también, la forma de su vagina. Gruesos labios vaginales exteriores. Al no dejar de mover las piernas, eso más que un coño parece una boca que no deja de abrirse y cerrarse.)

(Montalbán no puede aguantar ante tal situación. Desabrocha sus pantalones dejándolos caer, saca el erecto miembro y comienza a frotarlo y convulsionarlo al mismo tiempo que la marcada vagina se abre y se cierra. Una doble masturbación sincronizada y, en el momento del clímax, ella aprieta fuertemente los muslos y él se alza, dejando que el flácido y líquido esmegma caiga por el agujero, precipitándose sobre la copa alzada por el monseñor en el momento de la ostensión del cáliz tras la consagración[16].)

---

[16] Nota del autor: Mi intención no es la de crear agravio o generar ofensa ante la comunidad cristiana u otras comunidades religiosas que puedan sentirse ofendidas ante la sátira en esta obra. Mi objetivo no es burlarme de la religión, sino poner de manifiesto cómo la religión, y no el sentimiento espiritual, ha prostituido a este y más que ensalzar al ser humano en un progreso espiritual o neohumanismo, lo que ha hecho de él ha sido educarle en el dogmatismo. Mismamente, el rito de la consagración del vino y ostentar la hostia consagrada es un rito pagano del antiguo Egipto llamado Thaena y, para mi persona, comer carne humana y beber sangre humana, más que un rito religioso celes-

Manuel Montalbán: Y como dijo Joyce[17]: «Frío húmedo y pegajoso».

Monseñor: Tomad y bebed todos de él.

(El primero en levantarse para ir a beber no es otro que el sereno.)

(El sereno aparta, empuja e incluso pisa a los que ha tirado al suelo, algunos de ellos niños.)

Sereno: Apartad, apartad, que el señor me saque de mis penurias.

Monseñor: La sangre de Cristo.

Sereno: Amén.

Manuel Montalbán: Amén.

---

tial es un rito vampírico-satánico ceremonial. Puede verse en el libro Los Bere, de Alexandre Eleazar (Gráficas Instar, S.A., Barcelona, 1985). Asimismo, la figura de Cristo crucificado fue una invención de Eusebio de Gamala en el siglo IV d. C. y el rito del cáliz o kupe también viene de la ciudad de Clermont, misma ciudad en la que Urbano II pronunció la primera cruzada.

[17] Se refiere a James Joyce y a su libro El Ulises (Edimat Libros, S. A., Madrid).

ACTO 8

(Centro de Madrid, 10 de noviembre de 1922. Una muchedumbre se despliega por la ciudad protestando ante las decisiones del gobierno sobre el asunto marroquí y su rivalidad contra los militares africanistas a los que prohíben su ascenso por méritos de guerra. Han estallado los disturbios patrióticos de Madrid[18] entre vítores de «viva España» y burlas al gobierno.)

PROTESTANTE 1: ¡Viva España!

PROTESTANTE 2: ¡Viva España!

MUCHEDUMBRE: (Al unísono.) ¡Viva España!

PROTESTANTE 3: ¡Camaradas, avancemos hasta la puerta del Sol y que no nos detengan en nuestro caminar hasta llegar a Colón! ¡Que se vea que España sigue viva!

(Arriban en la plaza del Sol con sus vítores, gritos y quejas. Allí les esperan los primeros diques de contención contra los protestantes y opositores, alzando banderas republicanas.)

---

[18] De esto se habla en el libro España 1900 de 1898 a 1923, de García de Cortázar (Sílex ediciones S.L., Madrid, 2004).

PROTESTANTE 4: ¡Muera Sánchez[19]!

CONTRAPROTESTANTE 1: ¡Viva la República!

MUCHEDUMBRE: ¡Viva España!

CONTRAMUCHEDUMBRE: ¡Puta España!

PROTESTANTE 5: ¡Viva Millán Astray!

MUCHEDUMBRE: ¡Viva!

PROTESTANTE 6: ¡Viva la legión!

MUCHEDUMBRE: ¡Viva!

PROTESTANTE 7: ¡Y viva Antonio Maura y fuera los sindicalistas y socialistas!

MUCHEDUMBRE: (Vitorea, aplaude y patalea) ¡Sí! ¡Fuera Sánchez[20], fuera el ilegítimo! ¡Fuera! ¡Fuera! ¡Fuera!

(Cargan contra los no protestantes enzarzándose en golpes y palos, hasta llegan a lanzarse piedras. Entre los protestantes de izquierda asoma un cubano de piel blanca, pelo rubio, sus ojos son claros y de gruesa mandíbula, llamado Álex, quien lanza piedras y profiere en injurias.)

ÁLEX: ¡Esta es la España que tanto nos quiere y que luego nos desarraiga! ¡Españolazos, españolazos, tomad, tomad! (Lanza piedras) ¡España es una madre huérfana de hijos! ¡Madre, madre! ¿Por qué me has abandonado?

---

[19] Referencia a José Sánchez Guerra, abogado, periodista y político español que, además de ministro, también ejerció como presidente del Consejo de Ministros durante el reinado de Alfonso XIII, llegando a asumir la presidencia del Congreso de los Diputados y que comparte paralelismo con el actual presidente de España, Pedro Sánchez Pérez-Castejón con el primer apellido, por lo que «Sánchez» es un símil entre el pasado y el presente.
[20] Alusión al actual presidente del gobierno de España.

Protestante 8: (Golpea a Álex en la cabeza.) ¡Toma! Le he atizao 'en toa'la berola.

Protestante 9: ¡Vamos! ¡A por ellos!

(Aparece la Policía cabalgando sobre sus corceles para frenar los avances de la protesta. Gaspar avanza posicionándose delante de ellos para impartir instrucciones. Al mismo tiempo, un canto rodado vuela directo hacia él.)

Gaspar: Manteneos firmes, en formación, formad en fila, no dejéis que accedan a la calle... (Le golpea la masa pétrea)

Guarda 4: ¡Mi capitán!

Guarda 5: Han alcanzado al capitán. Lo han dejado sin conocimiento.

Guarda 6: ¡A la carga!

(Los miembros del Cuerpo General de Policía arremeten contra los protestantes, siendo muchos de ellos miembros de las juventudes Mauristas.)

(Los actos se repiten en los días consecutivos con resultados cada vez más severos. El 12 de noviembre son los estudiantes los que se enfrentan a la Policía y, al día siguiente, miles de jóvenes se unen a estos enfrentamientos, obteniendo como resultado numerosos heridos y detenidos[21].)

---

[21] Antes, los primeros en manifestarse eran los universitarios y estudiantes, cosa insólita hoy día. Estas protestas universitarias se recogen de acuerdo con Fernando García de Cortázar, en especial la de la Universidad Complutense de Madrid.

(Sofocados los disturbios, la guarda se reúne en el cuartel para nombrar una sustitución temporal mientras su capitán lucha para volver en sí.)

(Ortega, mediante sus malas artes y argucias, logra ponerse como siguiente nuevo capitán por encima de Iván, que es a quien le compete[22]. En el acto de toma del cargo, Ortega da su discurso.)

GUARDA 7: Francamente, me ha sorprendido que sea Ortega y no Iván.

GUARDA 8: Dicen que son órdenes de arriba.

GUARDA 9: Vosotros, ¿qué creéis?

GUARDA 10: Mejor no hacer preguntas, ya sabéis cómo es Ortega.

GUARDA 11: Aquí viene.

(Desaparece el murmullo y se guarda silencio.)

ORTEGA. Gracias por estar aquí y doy gracias por el nombramiento de capitán que me han otorgado hasta que nuestro querido Gaspar se reponga.

TODOS. ¡Bravo!

ORTEGA. Vamos a brindar como se brinda en las grandes ocasiones, y esta es una gran ocasión, porque estamos todos aquí: un excelente cuerpo dispuesto a defender la patria, y lo hacemos con el brindis de Acuña, poeta y capitán de los viejos tercios de la infantería española, que dice así:

---

[22] Tal como ha sucedido en el presente con la salida de Iván Espinosa de los Monteros de VOX, como muestra el diario ABC del 9 de agosto de 2023.

No os preguntarán por mí
que en estos tiempos
a nadie le da lustre haber nacido
segundón en casa grande;
pero si pregunta alguno,
bueno será contestar que,
español a toda vena
amé,
reñí,
di mi sangre,
pensé poco,
recé mucho,
jugué bien,
perdí bastante
y, por esa empresa loca,
que nunca debió tentarme,
que, perdiendo ofende a todos,
que, triunfando alcanza a nadie,
no quise salir del mundo
sin poner mi pica en Flandes.

¡Por España
y el que quiera defenderla
honrado muera;
y el traidor que la abandone
no tenga quien le perdone,
ni en Tierra Santa cobijo,
ni una cruz en sus despojos,
ni las manos de un buen hijo
para cerrarle los ojos!

¡¡¡Por España!!!
¡¡¡Todo por España!!!
¡¡¡Viva España[23]!!!

TODOS: ¡Viva!

ORTEGA: ¡Viva el rey!

TODOS: ¡Viva!

ORTEGA: (Masculla entre dientes.) Sobre todo, viva yo.

(Con el nombramiento de Ortega, las medidas se endurecen y el trato de la guardia se vuelve más cruel y siniestro. Incluso con el regreso del antiguo capitán, estas medidas siguen vigentes.)

---

[23] Brindis que siempre cita Javier Ortega Smith-Molina en los actos oficiales.

ACTO 9

(Los efímeros y lúgubres días de noviembre van pasando para volverse más fríos y oscuros. Llega diciembre, trayendo consigo el invierno y la Navidad.)

(Madrid se adorna con motivos navideños en sus calles, plazas y avenidas. No hay ni un solo edificio que no ostente un detalle. Aunque ni todo el júbilo del mundo es suficiente para alentar los corazones de los madrileños en el día del nacimiento de el Salvador; viven bajo las duras directrices y la represión de la guardia.)

(Se ve un corcel mecánico y de hierro, de panza roja y cabeza blanca. Sus crines, cables de acero conduciendo la electricidad, y su cola, una pequeña cabina. En sus dorsales se abren varias ventanas rectangulares y a través de ellas se puede ver la nuca de los pasajeros acomodados en los asientos del tranvía. Quietos, silenciosos y sin mostrar atisbos, pues, con la nueva guarda de Ortega, cualquier acto que levante sospechas es motivo para ser detenido y procesado en inexorables interrogatorios.)

(Solo dos personas se atreven a romper el silencio.)

GABRIEL MENDOZA: ¿Cómo pudiste sucumbir ante tan poco?

Manuel Montalbán: Era la primera vez que le veía las partes a una mujer y no era una cualquiera, sino una dama.

Gabriel Mendoza: No estamos discutiendo sobre la belleza de la muchacha que, si lo es, mucho mejor. Estamos hablando de que nunca has sentido el calor femenino.

Manuel Montalbán: No

Gabriel Mendoza: Ni las has visto desnudas.

Manuel Montalbán: Sí, vi a cuatro bañándose en el agua.

Gabriel Mendoza: Eso fue una alucinación y, aun así, me sorprende que tu subconsciente fuera capaz de reproducir el desnudo femenino para no haberlas visto nunca así. En vez de haberte masturbado, debiste de esperar a que saliera de la misa y haber consumado con ella en algún jardín.

Manuel Montalbán: No hasta el matrimonio.

Gabriel Mendoza: No me quieras ser conservador.

Manuel Montalbán: ¿Es que tú no haces caso de las escrituras?

Gabriel Mendoza: Eso se inventó para que los simplones fueran buenos adeptos. Levanta, ya hemos llegado.

(Bajan en la parada veintiocho en la calle de la Hortaleza. Los últimos y centelleantes rayos del Sol se ocultan en el horizonte. El Madrid del día, del trabajo, de la decencia, se consume. En su oposición, se alza el manto de la noche. Despierta el Madrid de la perversión.)

(En la plaza de San Gregorio Magno n.º 12[24], esquina con la calle de las Infantas, hay un cabaré[25]. Es un edificio de tres plantas, con vigas de madera en argamasa de arena y cal. Se abre la puerta.)

---

[24] Actual Plaza de Chueca o de Pedro Zerolo.
[25] Referencia al Hotel Óscar que se encuentra en esta ubicación.

SERGUÉI DIÁGUILEV: ¡*Priviet*!

GABRIEL MENDOZA: ¡*Priviet*, amigo mío!

SERGUÉI DIÁGUILEV: Cuánto tiempo sin verte, mi joven amigo.

GABRIEL MENDOZA: Llegué a pensar que cerrarías Le Chien Noir[26] al enterarme que solo presentabas balé.

SERGUÉI DIÁGUILEV: ¡Ah, bobadas! El balé es solo por el día, para los estómagos ligeros. El plato fuerte es por la noche.

GABRIEL MENDOZA: ¿Tenemos sesión esta noche?

SERGUÉI DIÁGUILEV: ¡Por supuesto! Las mejores bailarinas venidas de Rusia, aunque ninguna lo hace tan bien como mi querido Nijinsky[27].

GABRIEL MENDOZA: Fantástico, le vendrá bien a mi amigo.

SERGUÉI DIÁGUILEV: ¿Y a quién tenemos aquí?

MANUEL MONTALBÁN: Me llamo Montalbán, señor, Manuel Montalbán.

SERGUÉI DIÁGUILEV: ¡Oh, jo, jo, jo! Encantado, encantado, yo soy Serguéi Diáguilev[28].

GABRIEL MENDOZA: Serguei es un empresario ruso que no ha parado de abrir salones de balé por toda Europa.

SERGUÉI DIÁGUILEV: Se puede decir que he reinventado el balé.

---

[26] «El perro negro» en francés en homenaje a Le Chat Noir, el gato negro, célebre cabaré del siglo XIX y XX en el barrio bohemio de París, Montmartre donde solía tocar el célebre compositor Erik Satie.

[27] Bailarín de balé y coreógrafo ruso que fue uno de los más dotados bailarines de la historia con quien se comenta que Serguéi Diáguilev mantuvo relaciones y este siempre decía: «Ningún bailarín lo hace tan bien como mi Nijinsky».

[28] Empresario ruso fundador de los Ballets Rusos, compañía de la que salieron muchos bailarines y coreógrafos famosos, entre ellos Vaslav Nijinsky, y quien abrió salones de balé en varios países de Europa.

GABRIEL MENDOZA: ¡Cierto! Yo ya soy un viejo cliente de su salón.

SERGUÉI DIÁGUILEV: ¿Cliente? Por favor, usted es miembro de la casa.

GABRIEL MENDOZA: Me agrandas el corazón.

SERGUÉI DIÁGUILEV: A mucha honra.

GABRIEL MENDOZA: Serguei, amigo, aquí mi camarada anda algo inexperto en cuanto a mujeres se trata. ¿Crees que podrás ayudarlo?

SERGUÉI DIÁGUILEV: Ha venido al lugar indicado. ¿Qué hacemos afuera? Entrad, entrad, mejor dentro que afuera.

(Se abre un amplio salón repleto de mesas redondas con un farolillo de seda roja sobre cada una. A los lados, dos niveles de palcos, revestidos de terciopelo rojo. Recorriendo ambas alturas, varias hileras de bombillas amarillas llegan hasta la parte principal, el escenario.)

(La luminosidad de las luces claudica hasta lograr un ambiente claroscuro, más bien, tenebrista, quedando el único candor de luz en el escenario. Comienzan a emitirse unas tenues y agudas notas de la *Gnossienne No 3* de Erik Satie al tiempo que salen las bailarinas.)

(Bellas, jóvenes, de rostro romboidal con ojos claros, verdes, azules, grises y marrones; sus piernas son finas y firmes que las sostienen y las alzan hasta cierta altura y las encogen y las estiran, alternando el movimiento y cambiando y contornando la cintura y sus brazos.)

(Gracias pictóricas en movimiento que no dejan de impresionar al atento público ni de tornar sus cuerpos, de formas inesperadas, cubiertos por corta lencería fina.)

MANUEL MONTALBÁN: Son hermosas… Realmente, las criaturas más bellas de la creación, ni Rubens hubiera contado con el óleo necesario para retratar algo tan majestuoso.

GABRIEL MENDOZA: Son las mejores bellezas traídas desde la estepa siberiana.

MANUEL MONTALBÁN: La que está en el centro es la que más me gusta.

GABRIEL MENDOZA: ¿Arsentieva[29]?

MANUEL MONTALBÁN: Ya sé algo más de ella.

GABRIEL MENDOZA: Es la única ucraniana entre el grupo. ¿Te has fijado en Vodiánova[30]? La que está a su derecha.

MANUEL MONTALBÁN: Creo que me quedo más con Arsentieva.

GABRIEL MENDOZA: Ese es un problema que debes ir corrigiendo, mi querido amigo. Con respecto a las mujeres, si te fijas solamente en una, al final serás su títere que terminará por tirarte a lo más bajo cuando no le sirvas. Mantén los ojos siempre abiertos para capturar toda la que se te acerque.

(Tras horas de varios espectáculos en Le Chien Noir, salen en mitad de una noche cerrada para ir a un lugar donde la perversión encuentra un hospedaje en el que ser todavía mayor y más depravada, donde todas las pasiones y deseos carnales encuentran un santuario.)

(Llegan a la esquina con calle de Fernando VI, de arquitectura señorial y se ve palacio modernista edificado sobre bloques. La ar-

---

[29] Referencia a Mariia Arsentieva, modelo ucraniana ganadora del premio de belleza Miss Europa y perteneciente a una familia de trayectoria de modelaje.
[30] Referencia a Natalia Mijáilovna Vodiánova, supermodelo rusa y ocasionalmente actriz.

quitectura se utiliza a modo decorativo en formas contornadas y oníricas a la que se incorporan también adornos, obteniendo un complejo a modo de castillo con una torre circular en el centro y desplegándose a sus lados las fachadas del palacio que, más que ser de este mundo, da la sensación de ser de un cuento de hadas[31].)

(A las puertas de su entrada, sobre la reja, hay una chapa de hierro color burdeos con una loba plateada en el centro y una grafía que dice: «La Loba». Es el lupanar más lujoso de todo Madrid.)

(La puerta de la entrada se encuentra embutida en un arco de medio punto, también en color burdeos. Los poyos de las finestras y las cornisas de las fachadas son iluminados por luces rojas y fucsias. Desde el interior, se proyectan, a través de los balcones, destellos rosas y blancos. Colores que pueden verse por todo el mobiliario, pues son los únicos con los que se han pintado y decorado por dentro el edificio. En definitiva, ¡el gran coño rosado de Madrid!)

MANUEL MONTALBÁN: Gabriel, ¿a dónde me has traído?

GABRIEL MENDOZA: A un templo, vamos a rezar.

MADAME: Bienvenidos, bienvenidos, caballeros, a La Loba, donde encontrarán a la dama que cumpla con sus exigentes gustos. Caballero, discúlpeme, pero ¿no es demasiado joven para estar aquí?

GABRIEL MENDOZA: Viene conmigo, Madame.

MADAME: Si es un invitado del señorito, no hay ningún problema. Enseguida serán atendidos, tengo que meter en cinta a una de mis muchachas.

IRENE: Señora, no es para que me abronque de tal modo. Simplemente, mi último cliente era un jorobado sin formas ni clases

---

[31] Se hace referencia al Palacio Longoria, actual sede de la SGAE.

para una señorita y, además, le olía la chepa. En el Maxím[32] por lo menos acompañaba a caballeros de mayor categoría.

MADAME: Me es indiferente, Irene[33]. Un cliente es un cliente, y en La Loba debemos de apaciguar sus pasiones, ya sea un chepudo obrero o un ministro chepudo[34].

(Dentro del lupanar no hay objeto, mueble, alfombra o moqueta que no sea de color rosa, blanco o fucsia. Las señoritas se distinguen por vestirse con vestidos ingleses victorianos en colores llamativos. Justo a la entrada, a mano derecha, se dispone de una amplia sala donde se degusta con champán mientras se habla con las damas, y las botellas, decoradas en sus cuellos con grabados de Alfons Mucha[35], son puestas cabeza abajo en el hielo[36].) (Los caballeros esperan viendo con qué dama saciar su lujuria.)

MADAME: Disculpen la demora, caballeros.

GABRIEL MENDOZA: No es necesario que se disculpe, madame.

MADAME: Tan amable como siempre, señorito. Cuéntenme, ¿qué andan buscando?

GABRIEL MENDOZA: Esta noche no pienso pernoctar. No preparen mi habitación.

MADAME: Ah, ¿no?

---

[32] Club selecto para caballeros que hubo en España en el siglo XX, en Valencia.

[33] Referencia a Irene Montero Gil, ministra de Igualdad.

[34] Referencia a Pablo Iglesias Turrión.

[35] Artista decorativo checo que fue uno de los máximos exponentes del Art Nouveau. Sus láminas se emplearon para decorar los cuellos de botellas de champán.

[36] Acto simbólico, ya que las botellas de champán, una vez se han terminado, se disponen bocarriba, siendo únicamente en los lupanares y lugares prostibularios donde se colocan bocabajo.

GABRIEL MENDOZA: No. Es más bien para, aquí, mi amigo.

MADAME: Ya veo.

GABRIEL MENDOZA: Todavía no ha sentido el calor de una mujer. Necesito que regrese convertido en un hombre.

MADAME: Sé cuál de mis mujeres es la adecuada. Está usted de suerte, acaba de llegar recientemente desde París y, en este tiempo que lleva en España, todavía no ha tenido trato con caballeros ¡Será usted el primero! Aguárdenme.

GABRIEL MENDOZA: Por supuesto.

MANUEL MONTALBÁN: Oye, ¿estás seguro de todo esto? Mira que no sé yo si voy a poder.

GABRIEL MENDOZA: ¡Completamente! En cuanto la tengas desnuda en la cama te será imposible no dejarte llevar. Es puro instinto. Lo harás muy bien.

MANUEL MONTALBÁN: Mira tú, me das una alegría. Oye, ¿aquel de allá no es el ministro de Agricultura?

GABRIEL MENDOZA: Eso parece.

MANUEL MONTALBÁN: Y ese de allí, ¿no es el hijo del rey, el príncipe don Juan?

GABRIEL MENDOZA: Así es.

MANUEL MONTALBÁN: ¿Cómo es posible que estén aquí los políticos y hasta miembros de la monarquía?

GABRIEL MENDOZA: Parece mentira que lo preguntes. ¿Dónde, si no, hacen los políticos sus acuerdos?

MANUEL MONTALBÁN: Ahora entiendo por qué España es como una casa de putas.

GABRIEL MENDOZA: ¡Respeto! Esto es un lupanar, tiene más categoría.

Manuel Montalbán: Lo mismo.

(Aparece la madame acompañada de una señorita que porta un vestido verde esmeralda con un sombrero de charol. Pelinegra de cabellos ondulados recogidos en un moño; piel clara, rostro luminoso y perfilado rematando en una barbilla ligeramente puntiaguda; pupila decorada en negro ónix, iris de color verde con reflejos grises oscuros y labios tiernamente carnosos.)

Madame: Caballeros, les presento a nuestra dama recién llegada, Léna.

Manuel Montalbán: En... encantado.

Léna: *Bonsoir.*

Madame: Las habitaciones están arriba. El precio son veinticinco pesetas, pero, al ser mi doncella más joven y la más reciente, y sin que haya estado con ningún cliente previamente, eso hacen... Cincuenta pesetas.

Gabriel Mendoza: No hay problema, aquí tiene.

Manuel Montalbán: Pero si es una barbaridad de dinero.

Gabriel Mendoza: No importa. Tómalo como regalo de Navidad.

Manuel Montalbán: ¡Muchas gracias, amigo!

Gabriel Mendoza: ¡Feliz Navidad!

Léna: Vamos a la habitación.

Manuel Montalbán: Lléveme, señorita.

(Llegan a la habitación.)

Léna: ¿Qué te çuçede? ¿Eç que eç la prguimega veç que beçaç a una çica?

MANUEL MONTALBÁN: Básicamente.

LÉNA: Oh, entoçeç te voy a ençeñag, *mon pettit prince*. ¿Te guçtan las caguiçiaç, te gustan los beçoç y que vaya bajando?

MANUEL MONTALBÁN: ¡Ah! Pero ¿qué haces?

LÉNA: ¿Qué te çuçede? ¿Eç que eç la prguimega veç que te la çupan?

MANUEL MONTALBÁN: ¡También!

LÉNA: Oh, vamoç, túmbate.

MANUEL MONTALBÁN: Aguarda, ¿no es mejor que sigamos con los besos y las caricias?

LÉNA: Ya no hay tiempo paga eço. *Oh, c'est très magnifique, ¡mon grand prince!*

MANUEL MONTALBÁN: O sea, ¿esto es lo que se siente cuando la metes?

(Esta noche, Manuel Montalbán experimenta los goces de la pernocta con sexo con una mujer, aunque no de la mejor de las maneras, pues la prostitución es algo que hace un flaco favor a las mujeres.)

(Fuera, en la calle, Gabriel Mendoza se dispone a regresar a su morada mediante los atajos que él conoce, y los infortunios no van a tardar en aparecer.)

ACTO 10

(Sombras ciegas y luces rosadas se proyectan en los arcenes que bordean a La Loba. En la calle de Fernando VI, un bulto camina. Sigue los raíles del tranvía pisando el humedecido asfalto.)

(El único sonido que se escucha es el de la tranquilidad. Las calles están despobladas de gente, solo silencio en el ambiente y escarcha en el suelo. Lo único que desentona en el lugar son los *tap tap* en el pisar de Gabriel Mendoza, que se dirige a la entrada de los subterráneos, antes de que una patrulla lo encontrara. Aunque hay algo capaz de perturbarlo más, algo que le sigue en ese mismo instante y no son miembros de la guardia. Aprieta el paso con la intención de llegar lo antes posible a los túneles, donde cree ponerse a salvo.)

GABRIEL MENDOZA: Pardiez, por un instante pensé que esos malditos me estaban siguiendo.

ANDREU: ¿Ahora somos unos malditos para ti?

GABRIEL MENDOZA: ¡Andreu!

HELENA: Gabriel ya no nos considera sus amigos. Lo vi en la calle y no me dijo ni «hola»… En vez de eso, se puso a correr.

(Gabriel Mendoza emite un grito ahogado.)

HELENA: Hola, Gabriel.

ANDREU: Ha pasado mucho tiempo desde la última vez que nos vimos, chico. Empezábamos a preocuparnos por si te había pasado algo.

HELENA: Y, en vez de eso, parece que le damos miedo.

ANDREU: ¿Es cierto eso? ¿Te asustamos? ¿Después de lo que hemos hecho por ti?

GABRIEL MENDOZA: No… es eso.

HELENA: Yo digo que no tiene lo que debería tener para ser un hombre y por eso se raja.

GABRIEL MENDOZA: ¡Suéltame!

HELENA: ¿A la nena le da vergüenza que le vea la colita?

ANDREU: Le va a hacer falta tener un buen par, porque, como nos traicione, sabe de sobra lo que le ocurrirá. ¿Le has dicho algo a Gaspar?

GABRIEL MENDOZA: ¡No, señor!

HELENA: (Canturreando.) Miente.

GABRIEL MENDOZA: ¡Digo la verdad!

ANDREU: ¿Y a otros?

GABRIEL MENDOZA: ¡Tampoco!

HELENA: Sigue mintiendo.

GABRIEL MENDOZA: ¡Que digo la verdad!

ANDREU: Ven, muchacho.

(Tembloroso, Gabriel Mendoza sigue al anarquista catalán. Es un hombre gordo con cara de cerdo rosada; pelo rojo rizado, aunque apenas le queda cabello sobre la cabeza. El olor de su cigarro deja un apestoso olor del cannabis. Conduce a Gabriel Mendoza a un apartado de los subterráneos del que ha hecho su guarida; una pequeña alacena que Andreu emplea como su despacho.)

ANDREU: Debo decir que es una alegría tenerte otra vez en la familia.

GABRIEL MENDOZA: Mi… mi familia no vive aquí.

ANDREU: ¡Que me aspen! Si resulta que tiene coraje en el fondo.

HELENA: Empiezas a comportarte como un auténtico hombre y seguro de sí mismo. ¿Sabes cómo satisfacer a una mujer?

ANDREU: Helena, no hagas que el chico se quede sin palabras, mucho tiene que contar.

HELENA: Me voy fuera. Ahí os dejo con vuestra empresa; y Gabriel, sigue madurando. Puede que, dentro de poco, me cobre una satisfacción.

(Helena se va.)

ANDREU: Gabriel, Gabriel, Gabriel.

GABRIEL MENDOZA: ¿Qué es lo que quieres, Andreu?

ANDREU: Quiero hablar sobre que no he tenido noticias en estos meses, muchacho.

GABRIEL MENDOZA: Conoces de sobra el panorama político. Los políticos nunca dicen la verdad. Los sindicatos politizan la desgracia de los obreros. Y el rey sirve nada más que para posar en fotos y recibir críticas.

ANDREU: (Colérico.) ¡Eso es lo que saca la prensa para patizambos y oligofrénicos! ¡Yo quiero saber los secretos que guardan!

GABRIEL MENDOZA: Pregúntaselo tú mismo, ¿o acaso tienes miedo?

ANDREU: (Aferrando unas tenazas.) Eso te va a salir caro.

GABRIEL MENDOZA: ¡Aaah, Aaah, Aaah!

ANDREU: (Sosteniendo las tenazas que ha introducido en la boca a Gabriel Mendoza, aferrando su molar.) Me pregunto si sin esta muela podrás seguir degustando los chuletones que comen los desagradecidos de tu clase.

GABRIEL MENDOZA: ¡Miserable!

ANDREU: Dime lo que sabes o lo último que verá tu padre de ti será un amasijo de tripas.

GABRIEL MENDOZA: No hay nuevas en la política. Sánchez es un botarate y su ascenso al poder ha sido un giro que ni él esperaba; venderá a quien sea con tal de mantenerse. Su majestad ni aparece. Y las empresas tienen que hacer acuerdos con particulares en vez de con el gobierno…

ANDREU: Aguarda. ¿Has dicho que las empresas hacen tratos con particulares[37]?

GABRIEL MENDOZA: Como oyes. El gobierno no tiene recursos para hacer inversiones. Lo dejan en manos de financieros y prestamistas.

ANDREU: Seguro que tu padre lleva alguna de ellas.

GABRIEL MENDOZA: Sí.

ANDREU: ¿A qué se dedican?

---

[37] Puede sonar hilarante y sin sentido, claro que las empresas pueden hacer tratos con particulares, lo que sucede en la obra es que el gobierno tiene tantas deudas y es tan inestable que tiene que delegar en financieros y prestamistas para que mantengan los negocios y las empresas en España. Y con respecto a la actualidad, se resalta el sinsentido de las medidas políticas como el precio de la hora para aparcar, que es iniciativa pública, pero lo gestiona una empresa privada. También caben ejemplos como la ITV, la DGT o el impuesto de circulación, junto con la medida de las ciudades centrales y el coche eléctrico.

GABRIEL MENDOZA: Al comercio, quieren importar cerdo ibérico en los Estados Unidos.

ANDREU: Americanos, capitalistas y explotadores de obreros.

GABRIEL MENDOZA: Déjame ir, Andreu. Tienes todo lo que querías saber.

ANDREU: No antes de que cerremos un trato. Esos negocios con los americanos los llevaremos nosotros a partir de ahora. Servirán para la causa.

FIN DE LA
PRIMERA MITAD

SEGUNDA MITAD

Acto i

(La arquitectura se expande en el distrito de Chamberí. Edificios modernistas, neogóticos y, especialmente, neomudéjares, comienzan a ser edificados en la zona.)

(En el distrito de Arapiles regresamos a la mansión de los Mendoza, de orden clásico, muros lisos y que emplea la propia arquitectura como decoración, sin la necesidad de incluir adornos.)

MANUEL MONTALBÁN: (Acurrucándose tras la escalera de mármol.) ¿Cómo es que te falta un diente?

GABRIEL MENDOZA: (Voz imponente.) Me lo arrancaron, ¿no lo ves?

MANUEL MONTALBÁN: ¿Quién sería tan majareta de ir haciendo eso por ahí? Espera un momento… ¡No me digas, que han sido los anarquistas de los que hablaste!

GABRIEL MENDOZA: (Con desaires.) Parece que lo vas comprendiendo.

MANUEL MONTALBÁN: (Con voz acelerada.) ¿Tan peligrosos son?

GABRIEL MENDOZA: ¡Ya ves!

MANUEL MONTALBÁN: (Mostrando efusividad.) Tenemos que hacer algo. Hay que hablar con Séptimo y Dieguito.

GABRIEL MENDOZA: Tengo mis planes en mente… Y cállate, que ya vienen.

(Entran en el vestíbulo Jon y Dylan Foster junto con Eli Isaac, que son recibidos con la misma acogida que tres meses antes. El mayordomo los recibe haciendo sonar la campanilla. Aparece por una de las puertas del ala este de la estancia una de las sirvientes que toma las pertenencias de los invitados; y estos son conducidos por el mayordomo hacia su anfitrión.)

(Leopoldo de Mendoza se levanta de la silla del escritorio con los brazos en alto.)

LEOPOLDO MENDOZA: Señores, señores, sean ustedes, nuevamente, bienvenidos.

JON FOSTER: (De manera tajante) Ahórrese, sus saludos, hemos venido para hablar de los negocios, pero no porque estén o no prosperando, sino por el cambio repentino.

DYLAN FOSTER: (Hablando hacia dentro.) Acordamos que las exportaciones se harían desde la zona norte en Salamanca y desde el norte de Toledo, en Méntrida.

LEOPOLDO MENDOZA: Señores, señores, esas determinaciones las ha realizado mi hijo. Dejad que sea él, quien las explique.

ELI ISAAC: (Con sarcasmo.) ¿Pone sus negocios en manos de un chiquillo? ¿No desvariará usted?

LEOPOLDO MENDOZA: (Enojado.) ¡Un respeto! Beltrán, haga subir a mi hijo.

(Entra Gabriel Mendoza mientras es observado por los empresarios. Lo siguen con la mirada, en su recorrido por la estancia, hasta que toma asiento.)

Gabriel Mendoza: (Con cortesía.) Buenas, señores.

Jon Foster: (Gruñendo.) ¿Este es el chico?

Eli Isaac: En buena nos has metido, muchacho.

Leopoldo Mendoza: Sí, este es el muchacho.

Gabriel Mendoza: Yo sé, eso sí, que los señores se encuentran aquejados, aunque todo tiene su explicación.

Eli Isaac: Muchacho, que conste que todavía no se ha presentado. Díganos su nombre.

Gabriel Mendoza: (Casi balbuceando.) Soy Gabriel Mendoza, hijo de Leopoldo Mendoza.

Eli Isaac: Y díganos, señor Gabriel, ¿cómo perdió ese diente?

Leopoldo Mendoza: (Rompiendo la tensión del clima.) Es usted muy astuto. Ha hecho una observación en el momento y estimo que también debe ser audaz en realizar análisis en frío. Eso explica por qué es su hombre de confianza. (Guarda una pausa.) Lo perdió en un altercado. La guardia está muy susceptible últimamente, no distinguen a los miembros de las familias de bien de las comunes.

Gabriel Mendoza: (Sintiendo más coraje.) Así fueron los hechos. La guardia no respeta sea quien seas a partir de determinadas horas.

Eli Isaac: (Con ironía.) Ya veo…

(Eli Isaac se recuesta en su sillón y
cruza sus dedos a modo triangular.)

Eli Isaac: Dígame, señor Mendoza, si su hijo no es capaz de cuidar de su propia dentadura, ¿cómo espera que mantenga sus negocios?

LEOPOLDO MENDOZA: (Furioso) He dejado claro que mi hijo está más que preparado. Una reyerta por parte de la guardia, a día de hoy, es casi inevitable.

ELI ISAAC: No quedan signos de la contusión.

GABRIEL MENDOZA: (De manera solemne y diplomática.) Señores, no es sobre estomatología de lo que se ha venido a tratar aquí. Poco tienen que ver mis dientes en este negocio, salvo que esto sea una clínica y alguno de ustedes, el cirujano. (Respira profundamente) El motivo de cambiar la exportación porcina del norte a Extremadura y parte de Andalucía[38] es por la predominancia de las dehesas en estas zonas. Son regiones con una mayor tradición en la crianza del cerdo magro, junto con El Algarve y Alentejo, en Portugal. Esos son los únicos enclaves del país donde se realiza la crianza de este animal, y siendo colindantes con Huelva y Extremadura, pone de manifiesto el importante enclave de producción porcina del animal. Asimismo, al ser provincias vecinas, no hay necesidad de atravesar la frontera para zarpar desde Lisboa, sino desde el puerto de Huelva.

ELI ISAAC: (Con una mezcla de ironía y soberbia.) Bien pensado, muchacho. Espero que la próxima vez que nos veamos, no te falten más dientes.

(Los tres americanos salen de la mansión bajo el manto nocturno. Es una noche poco estrellada y, en el camino, Dylan se percata de algo inusual en los jardines de los Mendoza.)

DYLAN FOSTER: (Con autoridad.) ¿Quién eres?

---

[38] Las regiones de Extremadura y Andalucía fueron los principales enclaves de grupos anarquistas junto con Barcelona, por esa razón Andreu hace que Gabriel cambie los productores del norte de Toledo y de parte de Castilla y León a los de estas zonas.

MANUEL MONTALBÁN: (Asustado emitiendo un grito ahogado.) ¡Ah!

DYLAN FOSTER: (Incrustando sus potentes ojos azules eléctricos en él.) ¿Qué haces aquí? No eres de la familia, ni tampoco un sirviente.

MANUEL MONTALBÁN: (Expresándose en el peor inglés que un ser humano puede hablar.) *Hi, you are Dylan, no?*

DYLAN FOSTER: (Fríamente) Sí.

(Dylan se hace a un lado y deja atrás a Manuel Montalbán, que sale por la puerta.)

ACTO 2

(Calle del Almendro, fachada mugrienta. En el primer piso, tras el verde cerco de la ventana, Manuel Montalbán se dispone para ir a la escuela.)

(Su madre entra por la puerta.)

MADRE: Hijo, no llegues tarde.

MANUEL MONTALBÁN: Ya voy, madre.

MADRE: (Apresurada.) No olvides que hoy es día de misa.

MANUEL MONTALBÁN: No se me había olvidado.

(Manuel Montalbán baja a zancadas las escaleras y, al final del pasillo, la asistente del edificio está en el rellano a punto de terminar de fregar por completo el suelo de la planta baja. Coge carrerilla, toma impulso y frena, dejándose deslizar sobre las escurridizas baldosas en un suelo humedecido.)

ESTEFANÍA: (Gritando como una verdulera.) ¡Manuel! Cabrón, cabronazo, siempre me haces lo mismo el día que friego. Ojalá te la pilles cuando vayas a mear.

MADRE: (Desde la ventana.) ¡Pardiez! (Haciéndose la fina.) Qué palabras, qué vulgaridad… No se como le aguanta el marido.

ESTEFANÍA: (Mirando hacia arriba.) Mi marido (con deje chulesco) está cagando pa' la puta que lo está mentando.

MADRE: (Sorprendida.) ¡Uy, Jesús bendito!

***

(Colegio de Arenosa, edificio enladrillado. Antes de que comiencen las clases, se inicia una misa para, después, tener el acto de confesión.)

(Van entrando los alumnos en la capilla. A la entrada, el sacerdote los recibe.)

SACERDOTE: (Con voz solemne.) ¿Qué trae el hermano?

MANUEL MONTALBÁN: Devoción y buena voluntad, padre.

SACERDOTE: Oh, hijo… (Quebrando el tono.) Pero con devoción y buena voluntad no vive el hombre. El Altísimo puede prescindir de bienes materiales, aunque nosotros, sus fieles seguidores, necesitamos que nos mantenga para seguir con su sagrada misión.

MANUEL MONTALBÁN: (Con reservas.) Puede que tenga algo…

SACERDOTE: (Poniéndose nervioso.) Vamos, hijo, digo yo (Alzándose con voz imperativa.) que tus padres te habrán dado algo.

MANUEL MONTALBÁN: Quince reales[39], padre.

SACERDOTE: (Regresando a la voz solemne.) Que son bien recibidos.

---

[39] En este mundo, 1 peseta está conformada por 100 reales, por lo que, siguiendo el símil con la actualidad y los euros, 15 reales equivaldrían a 15 céntimos de euro.

Se inicia la misa y, a continuación, la homilía.

SACERDOTE: (Proyectando la voz.) Queridos hermanos, es bien sabido, que la presencia del liberalismo es una verdad que no podemos negar. Su llegada a España es algo ineluctable. (Alzando el tono.) Se han hecho huelgas, se han quemado fábricas, se ha atentado contra gloriosas figuras políticas y hasta se empiezan a inculcar los valores protestantes llegados del Nuevo Mundo. (En un tono firme.) Es deber como buen cristiano, ante las dulces palabras de los patrones y nuevos empresarios, mantener siempre los valores cristianos. Cuando os hablen de dinero, de la reivindicación de derechos, pensad si eso puede compararse con los goces de la bienaventuranza en el reino de Dios. Más bien os estarán tentando, como cuando la serpiente tentó a Eva y esta, a su vez, tentó a Adán, generando el pecado original en el mundo; o como cuando el Maligno, antes arcángel Lucifer, se vio tentado a rebelarse. Recordad que, más allá del dinero, de la economía y de las nuevas corrientes de pensamiento, un buen cristiano ha de contentarse con la plegaria y la oración[40].

(Finaliza el sermón y los alumnos son conducidos hacia el confesionario. Allí les espera un pequeño habitáculo de madera con una silla acolchada en tela púrpura con una cruz de oro rematando sobre el techo del confesionario.)

(El sacerdote se introduce en su interior, cierra la puerta tras de sí y abre una pequeña redecilla de madera en el costado derecho para que los alumnos puedan ir expiando sus pecados.)

(Le llega el turno a Manuel Montalbán.)

---

[40] De acuerdo con García de Cortázar, antes citado, los sindicatos católicos infundían tal idea entre los trabajadores ante los movimientos proletarios.

Manuel Montalbán: Ave María purísima.

Sacerdote: (Susurrando.) Sin pecado concebida.

Manuel Montalbán: Perdóneme, padre, porque he pecado mucho.

Sacerdote: (Sigue susurrando.) Cuéntame, hijo, ¿cuáles han sido tus pecados?

Manuel Montalbán: (Pensativo.) He sido perezoso, padre, y también he faltado en realizar mis oraciones.

Sacerdote: (Exclamando y sonsacando.) ¡Ah! ¿Y tal vez no ha cometido otros pecados? Pecados mortales que, de ocultarlos, estará incumpliendo con el quinto mandamiento, hijo.

Manuel Montalbán: (Tenso.) Bueno, padre… (Costándole salir las palabras) Hay uno.

Sacerdote: Cuénteme, hijo.

Manuel Montalbán: (Se expresa con desahogo.) He incumplido con el sexto mandamiento, padre.

Sacerdote: (Con curiosidad) ¿Y ¿cuál ha sido ese pecado?

Manuel Montalbán: El de la lujuria, padre.

Sacerdote: Oh, y cuénteme.

Manuel Montalbán: (Con extrañeza.) ¿Cómo?

Sacerdote: (Mostrándose impaciente.) Que me cuente cómo cometió ese pecado.

Manuel Montalbán: Pues fue, padre, porque, fui a un lupanar, bueno, me llevaron, y allí me presentaron a una muchacha parisina y pagué sus servicios… Bueno, fui invitado.

Sacerdote: (Mostrando más curiosidad.) ¿Y qué ocurrió después?

Manuel Montalbán: ¿Perdone?

Sacerdote: Con la muchacha, ¿qué hizo después con la muchacha?

Manuel Montalbán: Subimos a una suite.

Sacerdote: ¿Se desvistieron de pronto?

Manuel Montalbán: No, había un jarro de agua y una pileta. Me pidió que me lavara mis partes.

Sacerdote: ¿Se las lavó usted o dejó que ella se las tocara?

Manuel Montalbán: Me las tocó ella.

Sacerdote: (Comenzando a frotarse el miembro.) ¡Oins!

Manuel Montalbán: ¿Padre?

Sacerdote: No es nada, no es nada. Continúe, continúe.

Manuel Montalbán: (Tomando aire.) Entonces ella me quitó la ropa y, a la vez, ella tiraba la suya… Me empujó sobre la cama… (Se muestra nuevamente con reservas y vergüenza.) Y ella, y ella…

Sacerdote: (Sonsacándole) Y ella, y ella… ¿Qué es lo que hizo)

Manuel Montalbán: Se tumbó encima de mí y me puso sus pechos sobre el rosto.

Sacerdote: ¿Llegó a tocárselos?

Manuel Montalbán: ¿Disculpe?

Sacerdote: Los pechos, que si llego a tocárselos. ¿Cómo eran?

Manuel Montalbán: Me pidió que se los mordiera.

Sacerdote: (Exclamando.) ¡Virgen santa!

Manuel Montalbán: Sus pechos eran grandes, de tez lánguida y pezones rosados.

Sacerdote: Pobre cordero de Dios. Y a continuación, ¿qué hicieron?

Manuel Montalbán: Ella se dio la vuelta e introdujo mi miembro en su boca.

Sacerdote: (Masturbándose bajo la casulla.) ¿Le hizo una *felatio*?

Manuel Montalbán: ¿Una qué?

Sacerdote: (Con voz áspera.) Que si se la chupó.

Manuel Montalbán: Sí, padre.

Sacerdote: (Con curiosidad exacerbada.) ¿Y cómo concluye la historia, hijo?

Manuel Montalbán: Ella me la agarró, padre, y se sentó.

Sacerdote: ¿Se la introdujo por sus partes?

Manuel Montalbán: Sí, padre.

Sacerdote: (Terminando de eyacular.) ¡Oins, santa María purísima! ¡Oins, Jesucristo misericordioso! ¡Oins, pobres pecadores!

Manuel Montalbán: (Extrañado.) ¿Padre? ¿Se encuentra bien? Comienza a emanar un tufo rancio por las rendijas.

Sacerdote: (Jadeando.) Eso es... por las maderas, hijo... que están ya viejas...

(El sacerdote se serena antes de seguir hablando.)

Sacerdote: Yo te expío de tus pecados en el nombre del padre, del hijo y del espíritu santo. Puede regresar a casa, hijo, y rece un Ave María por usted y por el alma de esa pobre muchacha.

Manuel Montalbán: Gracias, padre.

***

(De regreso a la calle del Almendro, la familia Montalbán se reúne para cenar.)

PADRE: (Entra por la puerta.) ¿Qué hay para cenar? (Con voz hastiada.)

MADRE: Cocido.

PADRE: (Con tono irascible.) Cocido hoy, cocido ayer, y cocido también mañana[41].

MADRE: (Con firmeza.) No te quejes, es lo que tenemos… Y da gracias.

PADRE: (Socarrón.) ¿Habrá algo de vino, por lo menos?

MADRE: Se terminó.

PADRE: Baja a comprar.

MADRE: (Estricta.) No hay dinero.

PADRE: ¿Habrá alguna perra?

MADRE: Se la di a tu hijo.

PADRE: Pregúntale.

MADRE: Manuel, hijo, los 15 reales que te di.

MANUEL MONTALBÁN: No los tengo.

PADRE: (Explotando en ira.) ¡Ya te has gastado el dinero!

(En un arrebato de ira, el padre tira la mesa por los aires.)

MANUEL MONTALBÁN: (Temblando.) No los he gastado.

---

[41] Referencia a J. R. R. Tolkien en su obra El Hobbit. En el capítulo 2, Carnero Asado, Bilbo Bolsón se encuentra con tres trolls que están discutiendo sobre qué van a comer. Mientras el pequeño hobbit intenta robar la cartera a uno de ellos, el troll Berto se queja ante Tom y Guille porque lleva varios días comiendo carnero asado.

Padre: ¡Mientes!

Manuel Montalbán: Digo la verdad.

Padre: (Con sarcasmo.) Tú no dices la verdad ni aunque te maten.

Manuel Montalbán: (Montando en cólera.) ¡Digo la verdad! Me los pidió el sacerdote.

Padre: (Con desprecio.) ¡Serás bolo[42]! ¡Seguro que se los has dado!

Manuel Montalbán: (Mostrando su inocencia.) Dijo que era para proseguir con su sagrada misión.

Padre: Si los curas comieran piedras del río no estarían tan gordos, los tíos jodíos.

---

[42] Expresión toledana que, dependiendo del tono y la situación en la que se dice, puede significar una palabra de afecto y cariñosa como «tontorrón» o «inocente», y si es en tono irascible es una palabra peyorativa como «imbécil» o «gilipollas».

ACTO 3

(Declina el astro rey en la postrera. Se alargan las sombras. Calles enmudecidas y sin transeúntes que las ocupen. Escena ideal si lo que se pretende es no ser visto.)

(Gabriel Mendoza y Manuel Montalbán abren, en la penumbra, uno de los accesos a los subterráneos, para ir a recalar donde tuvieron su anterior encuentro con Séptimo y Dieguito.)

DIEGUITO: (Susurrando.) Lo que no cincele el arquitecto.

GABRIEL MENDOZA: (Respondiendo.) Lo terminará el gran maestro[43].

DIEGUITO: (Amistosamente.) Saludos, amigos míos.

GABRIEL MENDOZA: (Con rictus.) Saludos.

MANUEL MONTALBÁN: (Con inocencia.) Hola, Dieguito.

---

[43] Burla a la masonería, ya que la palabra «masón» o «francmasón» viene del inglés free mason y a su vez de la expresión free stone mason en referencia a la calidez de la piedra. Los símbolos principales de la masonería son el compás y la escuadra, junto con el ojo de Horus y la G que es de Gadú, el gran arquitecto del universo. Por tanto, esta sátira es hacia la masonería, sus símbolos y creencias como sumos chapuceros.

Séptimo: (De manera tajante.) Dejémonos de cordialidades y pasemos a lo que nos compete entre los cuatro aquí y ahora.

Dieguito: (En tono irónico.) Séptimo, amigo, no seas tan duro con ellos. Al fin y al cabo, son solo unos muchachos. (Buscando calmar la situación.)

Séptimo: (Reprochando) Tú mismo dijiste que no eran unos críos, ¿ahora cambias de parecer?

Dieguito: (Suavizando el tono.) Antes no nos conocíamos. A ver, ¿qué tenéis por contarnos?

Gabriel Mendoza: Traigo nuevas sobre los sindicalistas.

Dieguito: (Con voz solemne.) Te escucho.

Gabriel Mendoza: Hicieron preso de mí hace unos meses y me obligaron a contarles los negocios que está tratando mi señor padre.

Dieguito: Doy fe que costó su precio.

(Dieguito señaló sin disimulo el molar faltante.)

Gabriel Mendoza: Están informados del trato entre mi padre con los empresarios americanos y de la financiación que dará a los ganaderos.

Séptimo: (Con escepticismo.) ¿Qué hay de relevante en eso?

Gabriel Mendoza: Me hicieron rectificar los contratos que teníamos con Soria y el norte de Toledo para trasladarlo a Extremadura y Andalucía, bajo la excusa de que allí hay mayor tradición con el cerdo ibérico. La verdad es que los principales focos y refugios anarquistas se concentran en esas zonas. Utilizarán la financiación para su causa.

Dieguito: (Hablando con autoridad.) Eso es un problema que nos atañe a todos y, hasta que se descubra el complot, se habrá estado dando fuerza a un grave mal para España. Está bien… (Hace una pausa.) ¡Seguidme!

(Ascienden a la superficie en la plaza de Oriente. Dieguito es el primero en salir, siendo su capa ondulada por vientos fugitivos.)

MANUEL MONTALBÁN: (Con extrañeza en la voz.) ¿A dónde nos lleváis?

DIEGUITO: A la antigua judería[44].

(Se dirigen hacia la calle del Arenal, dejando atrás el Teatro Real, la primera cuesta a la izquierda. Un edificio en el que el paso del tiempo no ha mostrado su benevolencia. Llaman a una puerta de color marrón en barniz escamado.)

(Se abre la puerta.)

DIEGUITO: Soy yo, Santos, Dieguito.

SANTOS: No espero visitas a estas horas, y eso tú bien lo sabes.

DIEGUITO: Ah, pero ¿no privarás de hospedaje a un viejo amigo?

SANTOS: En esta vida no hay amigos, Dieguito, sino intereses; y más si se trata de un gato de mal agüero.

DIEGUITO: Es sobre negocios lo que vengo a ofrecer.

SANTOS: Haberlo mencionado antes, entra.

(Santos se hace a un lado de la puerta. Todos entran en un rellano que da acceso a unas escaleras en frente a la izquierda, y, a la derecha, un pequeño patio con un bajo.)

---

[44] La antigua judería de Madrid se encontraba en torno a la calle del Arenal y las zonas próximas a la plaza de Oriente.

Espósito: ¿A quién dejas entrar a estas horas? Y menos a un procurador de infortunios como ese, Santos.

Santos: Calma, Espósito, no hay necesidad de alterarse. Dice que nos trae negocios.

Espósito: De esta desdicha no me creo ni su nombre.

Dieguito: (Manteniendo las formalidades.) Saludos, Espósito.

De los Ríos: ¿Alguien está hablando de dinero?

Dieguito: Cuánto tiempo, de los Ríos.

De los Ríos: Tratándose de ti, Dieguito, habrá que asegurarse de si la moneda es de verdad o de madera.

Séptimo: Y los hay a mala copia de lo que fueron sus antepasados[45].

Dieguito: Séptimo, guardemos las composturas. Caballeros, he venido para brindarles fortuna.

Santos: ¿Es cuantiosa?

Espósito: ¿Es exclusiva?

De los Ríos: ¿Es opulenta?

De la Fuente: ¿Qué es todo este escándalo? ¿A quién habéis recibido? ¡Que estas no son horas!

Santos: Son unos amigos. Nos hablan de negocios, dicen que hay fortuna.

De la Fuente: (Con sarcasmo.) Conque amigos. *Salom goyims*[46].

---

[45] Se refiere a José Amador de los Ríos: historiador, crítico literario y arqueólogo español.

[46] Goyim es el nombre que emplean, especialmente, los judíos ultraortodoxos y sionistas para referirse a todo aquel no judío. Su significado literal es «borrego», llegando a significar «bestia», «animal de carga» o «sirviente».

SÉPTIMO: (Hablando con severidad.) Aquí no hay más borrego que el que se ha dignado a bajar sin la autoridad de su marido.

SANTOS: Así es, y además bajas sin la peluca puesta[47]. Ya estás marchándote de aquí.

(De la Fuente sube las escaleras.)

SANTOS: ¿Y de qué negocios estaríamos hablando?

DIEGUITO: (Haciéndose a un lado.) Dejo que el joven de los Mendoza os explique

SANTOS: ¡Mendoza!

ESPÓSITO: ¡Nobleza!

DE LOS RÍOS: ¡Riqueza!

GABRIEL MENDOZA: Mis muy señores míos, el negocio que se os ofrece es el de financiación y comercio con el Nuevo Mundo. Os pedimos que, sin pretender ser insolentes, sean vuestros ganaderos, a los que servís de mecenas, los que abastezcan de reses a los empresarios que financia mi padre.

SANTOS: ¿Por qué deberíamos hacerlo?

ESPÓSITO: ¿Qué beneficios sacamos de ello?

DE LOS RÍOS: ¿Dónde está ahí la riqueza?

GABRIEL MENDOZA: Mis muy gentiles señores, les pido que no se alteren. Para todo hay una explicación.

SANTOS: No queremos explicaciones.

ESPÓSITO: Queremos hechos.

---

[47] Los ultraortodoxos judíos prohíben a sus mujeres que muestren su pelo natural ante otros hombres, han de ocultarlo. Pueden usar un velo, al igual que las mujeres islámicas, pero lo más habitual es el uso de una peluca.

DE LOS RÍOS: Primero el dinero, luego los acuerdos.

DIEGUITO: (Volviendo a tomar el discurso.) Lo que el joven de los Mendoza os expone es un negocio en el que se ha establecido acuerdo y se está financiando, debido a una mala praxis, a un grupo que puede poner en serio peligro la estabilidad del país.

SANTOS: ¿Y a nosotros qué nos importa España?

ESPÓSITO: Aquí lo que importa es el dinero.

DE LOS RÍOS: Danos el control del dinero y nos importará poco quién dicte las leyes[48].

DIEGUITO: (Hablando con diplomacia.) Caballeros, hay dinero asegurado de por medio y se les asegurará que cobrarán de este.

SANTOS: Muchacho, ¿cuánto beneficio recibe tu padre?

GABRIEL MENDOZA: Unas cien pesetas por cargamento de cien unidades.

SANTOS: Nosotros pedimos doscientas pesetas.

GABRIEL MENDOZA: ¿Está usted de broma?

ESPÓSITO: Muchacho, si tu padre recibe cien pesetas por cargamento es porque un beneficio se debe de llevar.

DE LOS RÍOS: Eso es.

ESPÓSITO: Estimo que se llevará un beneficio de cincuenta pesetas por cargamento, y vosotros venís para que os beneficiemos, lo que os supone el precio de otras cincuenta pesetas.

SÉPTIMO: (Encañonando el trabuco.) ¡Malditos perros judíos[49]!

---

[48] Mayer Amschel Rothschild fue fundador de la dinastía Rothschild en Alemania en el siglo XVIII y su icónica frase era: «Dadme el control de la moneda de un país y no me importará quién hace las leyes». Esta es la máxima representación de la usura judeo-sionista.

[49] En referencia a los apellidos de los hombres en aquel edificio: Santos, Espósi-

Santos: ¡Plomo!

Espósito: ¡Pólvora!

De los Ríos: ¡Muerte!

(Dieguito baja con sus manos el trabuco que ha alzado Séptimo.)

Dieguito: Pido que te calmes, amigo mío, y me dejes a mí finalizar con la negociación.

Séptimo: Jamás te he visto ir a merced de las injusticias, ¿dónde están tus ideales?

Dieguito: Es necesario vivir como se piensa, so pena, tarde o temprano, acabar por pensar cómo se vive[50].

Séptimo: Jamás hubiera pensado que tales palabras salieran de ti.

Dieguito: La situación lo requiere, viejo amigo.

Santos: ¿Eso qué quiere decir?

Espósito: ¿Se nos dará el dinero?

De los Ríos: ¿Doscientas pesetas por cargamento?

Dieguito: Así será, caballeros, aunque déjenme decirles que «las personas que no se interesan por sus semejantes son las que tienen mayores dificultades en la vida y causan las mayores heridas en los demás. De estos individuos surgen todos los fracasos humanos[51]».

---

to y de los Ríos son apellidos conversos que se pueden constatar en el buscador oficial de heráldica judía https://avotaynu.com/csi/csi-result.html

[50] Op. Cit., Libraire Plan, París, 1914, vol. II, p. 375. Frase atribuida al escritor francés Paul Bourget.

[51] Dale Carnegie fue un empresario y escritor estadounidense de libros que tratan sobre relaciones humanas y comunicación eficaz.

SÉPTIMO: Déjalo, Dieguito, tratar de dar una lección de moral a esta chusma es como tratar de lavarle el pelo a un tiñoso. Son unos estafermos, unos malquistos de cáscara amarga y también unos zurumbáticos, tragavirotes y lechuguinos.

(Tras el acuerdo establecido y tras los insultos propiciados por Séptimo, salen a la calle. En la solemne noche, ni un alma ronda las calles, tan solo una tibia luz entre las penumbras se atreve hacer a frente a las sombras.)

SÉPTIMO: Es el sereno.

DIEGUITO: Rápido, dirigíos a los subterráneos, nosotros lo distraemos.

(Gabriel Mendoza y Manuel Montalbán se esconden.)

SERENO: ¿Qué tenemos aquí? Buenas piezas se han dejado descolgar.

DIEGUITO: (Disimulando su desprecio.) Buenas noches, Néstor.

SERENO: No tan buenas para ti. No puede haber transeúntes a estas horas… Aunque se trate de ti, no hay excepción.

DIEGUITO: Ah, pero nosotros somos criaturas de la noche y salimos cuando nadie nos puede ver. Para ajustar nuestra cuenta, tengo aquí mis dados. A dobles. Si sacas a la primera, que sea un triple y nos llevas detenidos.

SERENO: Hecho.

SÉPTIMO: Esta noche va a ser una pesadilla.

DIEGUITO: La vida es una pesadilla que nos quita el sueño, así que… felices sueños[52].

---

[52] Frase propia del autor.

ACTO 4

(Calle de Añastro, n.º 1. Ahí se realiza la Conferencia Nacional Católica organizada por el canónigo Maximiliano Arboleya Martínez[53] ante los movimientos anticlericales y obreros con el fin de disuadirlos.)

(Maximiliano Arboleya está en el centro de pie y con los brazos extendidos en cruz.)

CANÓNIGO ARBOLEYA: Bienvenidos, hermanos, hijos de nuestro señor misericordioso cuyo único hijo dio su vida para salvarnos de nuestros pecados. Amen para que esté aquí presente en esta nuestra conferencia.

CARDENAL MONROY: Hermano Arboleya, mantengo mi acuerdo con el motivo de esta conferencia, aunque la veo algo coja.

CANÓNIGO ARBOLEYA: ¿Cuál crees que es el pie que le falta al gato?

---

[53] Maximiliano Arboleya Martínez fue un sacerdote, sociólogo y activista español que expuso sus ideas renovadoras en defensa de un sindicalismo católico puro sin la interferencia de los patronos, que instigaban a los proletarios a preocuparse más por la oración y la fe católica que por los derechos civiles y laborales.

CARDENAL MONROY: El dinero. Del dinero se trata antes que disuadir los movimientos anticlericales.

CANÓNIGO ARBOLEYA: De la cuestión del dinero también se hablará. Es uno de los menesteres de esta conferencia.

CARDENAL MONROY: El dinero es lo más importante. Sin dinero, ¿cómo pensamos levantar los conventos que han ardido?

OBISPADO: (Al unísono y formando eco de fondo.) Tiene razón, sin dinero no podemos volver a levantarlos.

CARDENAL MONROY: Mi querido hermano, usted ha convocado y preside esta conferencia y, a pesar de ello, el peso del obispado me da la razón. ¿Tiene usted algo pensado para mitigar los movimientos revolucionarios del proletariado?

CANÓNIGO ARBOLEYA: (Alzando la cabeza y con rictus en el cuello.) Así es.

CARDENAL MONROY: ¿Y cuáles son sus planes?

CANÓNIGO ARBOLEYA: (Espetando.) La censura.

CARDENAL MONROY: ¿La censura?

CANÓNIGO ARBOLEYA: (Con voz solemne.) La censura ha sido una de las herramientas que la iglesia ha empleado para guiar al rebaño, con el fin de que ninguno de sus miembros se descarríe. (Guardando una pausa para elevar la voz.) Tan solo tenemos que censurar los acontecimientos que espantarían al rebaño. Si los trabajadores desconocen la opresión del capitalismo, no tendrán de qué preocuparse.

CARDENAL MONROY: (Sentenciando.) Con eso no basta, hace falta algo más que censura. Poniéndole una mordaza a la prensa, no es suficiente. Hay otros medios que pueden incitarles a la sublevación.

OBISPADO: (Al unísono y formando eco de fondo.) Vuelve a tener razón, hay más cosas por hacer.

CARDENAL MONROY: Mi querido hermano Arboleya, el obispado vuelve a darme la razón.

CANÓNIGO ARBOLEYA: (Con rictus en el rostro y apretando los labios.) Para eso contamos con los sindicatos católicos.

CARDENAL MONROY: (Volviendo a mostrar extrañeza.) ¿Los sindicatos católicos?

CANÓNIGO ARBOLEYA: Así es, los sindicatos católicos. Nuestros sindicatos deberán de instruir a los trabajadores para que sientan aversión ante la reivindicación de derechos laborales y salariales, siendo estos asuntos exclusivos de herejes y protestantes. Deberán sentir por ellos el mismo aprecio que un cerdo padece ante una flor silvestre, y condicionarlos para que su única preocupación sean el rezo y la devoción cristiana.

***

(Bajo los subterráneos de Madrid, en el fuerte que han establecido los anarquistas tiene lugar una importante reunión.)

(Andreu está se pie con la mano izquierda enfundada en el bolsillo del pantalón y con la diestra sosteniendo una taza metálica.)

ANDREU: Camaradas, estamos aquí reunidos por la causa que nos une: el fin del capitalismo, el de una clase obrera libre, el de una sociedad libre, el de un nuevo amanecer.

(Alza la taza.)

ANDREU: Por nuestros camaradas caídos.

ANARQUISTAS: (Al unísono.) Por nuestros camaradas caídos.

ANDREU: Por Francisco Ferrer Guardia[54].

ANARQUISTAS: (Al unísono.) Por Francisco.

(Tras el homenaje, beben todos el aguardiente en los cuencos que cada uno dispone: cazuelas cochambrosas, vasos de barros resquebrajados, e incluso, sus propias botas.)

ANDREU: (Dirigiéndose al que está a su derecha.) Tú, tráeme algo donde pueda sentarme.

ANARQUISTA 1: (Con desobediencia.) ¿Qué te has creído que soy, tu esclavo?

ANDREU: (Escupiendo al hablar.) Como si eres un negro que tuviera que estar abanicándome todo el día. Date prisa si no quieres que te raje de arriba abajo.

(El hombre trae un cajón sobre el que Andreu
se sienta para proseguir con su discurso.)

ANDREU: Camaradas, si bien somos el último reducto posible para esa libertad deseada, esos que se hacen llamar socialistas no son más que frailes y conservadores maquillados y aglutinados bajo las siglas PSOE[55]. Por mucho que Lerroux, Ibáñez y Margal exigieran la salida clerical de España y se mostraran como los aliados de los trabajadores, han terminado por colaborar con el enemigo. Los socialistas han abandonado la lucha para confabular con la iglesia, siendo ahora laicistas; y como los cristianos vencieron a la tiranía romana, nosotros, los trabajadores, venceremos al capi-

---

[54] Librepensador anarquista español condenado a muerte tras haber sido acusado de ser uno de los instigadores de los sucesos de la Semana Trágica de Barcelona.

[55] Crítica que los sindicalistas decían del PSOE: que eran conservadores maquillados de progresistas.

talismo. Sustituiremos a la iglesia por el progreso y su fe por la ciencia. La CNT nos mantendremos firmes a través de nuestro martirologio[56]. Muchos serán los que caigan, pero muchos más serán los que sigan su legado.

(Uno de los anarquistas que monta guardia interrumpe su discurso para alertar de que miembros de la guardia están llegando.)

ANARQUISTA 2: ¡Los hombres de Ortega! ¡Los hombres de Ortega!

ANDREU: ¿Cómo dices?

ANARQUISTA 2: Los hombres de Ortega están a tan solo dos recodos de aquí. ¡Nos han descubierto! De ellos he escuchado malas nuevas de Barcelona, el camarada Seguí[57] ha sido tiroteado.

ANDREU: Salgamos todos de aquí antes de que nos atrapen. Me hago una ligera idea de qué pajarito ha cantado demasiado.

***

(La Conferencia Nacional Católica está
por concluir en la calle Añastro, n.º 1.)

CANÓNIGO ARBOLEYA: Establecidos estos puntos, y tras la votación y aprobación de las medidas contra los insurgentes proletarios y la disuasión de los anticlericales, podemos dar por finalizada la conferencia.

---

[56] La CNT seguía el martirologio como motor que alentara la lucha sindicalista.
[57] Salvador Seguí Rubiant, conocido como «el noi del sucre», «el chico del azúcar», fue una de las personas más destacadas del anarcosindicalismo en España a principios del siglo XX. Fue asesinado el 10 de marzo de 1923 por un tiro en la esquina de la calle Cadena con Sant Rafael, en el barrio del Raval de Barcelona, por pistoleros blancos del Sindicato Libre, como represalia por el asesinato del dirigente del Sindicato Libre, José Martí Arbonés.

CARDENAL MONROY: Me doy por satisfecho.

OBISPADO: (Al unísono y formando eco de fondo.) Por satisfechos nos damos.

CANÓNIGO ARBOLEYA: (Se acerca al Cardenal Monroy.) Hermano Monroy, no es necesario que eche la mirada del gitano[58] sobre su mesa antes de irse. Entre hermanos no hay que desconfiar.

CARDENAL MONROY: No me fío ni de la madre que me trajo al mundo.

(Salen a la calle, algunos montando en carrozas. Los más privilegiados suben a sus vehículos particulares. Los no tan afortunados se marchan andando.)

(Larga no es la distancia que recorren,
pues una muchedumbre enfurecida corta la calle.)

(El canónigo Arboleya saca la cabeza
a través de la ventana de su carroza.)

CANÓNIGO ARBOLEYA: ¿Qué hacen ahí? ¿No ven que nos cortan el paso?

HOMBRE 1: Hemos escuchado desde fuera todo lo que han hablado ahí dentro.

HOMBRE 2: Sí, y la verdad es que no nos ha gustado.

MUJER 1: Estamos cansados de que solo suframos los más desfavorecidos y de que solo nuestros hijos vayan a la guerra.

---

[58] Expresión coloquial que se refiere a echar una mirada antes de levantarse e irse de la mesa para asegurar que no se deja nada, y la relación con el gitano es por ver «qué puede pillar».

Canónigo Arboleya: Los tiempos que corren no son propicios para nadie. Pido que guarden la calma y mantengan la fe. ¡Y échense a un lado, necesitamos pasar!

Hombre 3: No nos moveremos hasta que, de esa reunión, salga un acuerdo que beneficie a los españoles.

Canónigo Arboleya: La conferencia ha concluido y las medidas acordadas son las acordadas. Además, ¿qué piensan hacer?

Hombre 3: Tenemos nuestras propias medidas.

Canónigo Arboleya: ¡No se atreverán a tocarnos! Somos emisarios de Dios en la tierra.

Mujer 2: Tasca, basta ya de tanta palabrería, ¡a por ellos!

Canónigo Arboleya: Cochero, azuce a los caballos.

(La muchedumbre se lanza contra el canónigo Arboleya, que consigue huir en su carroza. Arremeten contra el resto de los miembros del obispado a los que apalean, muerden y arañan, por lo que salen huyendo a pie por donde pueden.)

(Frenan una de las carrozas y arrojan hacia fuera a su ocupante, el cardenal Monroy, que se arrastra, gatea y corre buscando un refugio hasta llegar a un callejón sin salida.)

Hombre 4: Ahí está.

Mujer 3: Lo tenemos.

Hombre 5: Coged todas las piedras que podáis.

Cardenal Monroy: Piedad, por favor.

Muchedumbre: ¡Cura, curato, morirás como un gato!

Cardenal Monroy: ¡Nooo!

(La muchedumbre lapida al cardenal Monroy. Termina con el cráneo quebrado, magullado y con el rostro desencajado. Se desploma sobre el adoquinado.)

ACTO 5

(5 de abril de 1923. Puerta del Sol y el Ministerio de la Gobernación. Es un edificio en forma de dado aplastado, completamente rodeado por ventanas rectangulares en dos alturas. En su parte central, una fachada blanca rectangular se alza hacia arriba. Una imponente puerta en arco de medio punto es la que da acceso y, sobre esta, cuatro leones custodian el rostro de Hércules, que se encuentra justo encima de la puerta. En la parte superior, un frontón clásico con tres leones en su tímpano, dos en cada esquina pisando una bola, flanqueando al que se encuentra en el centro asomando la cabeza por encima de un escudo.)

(En su interior la guardia lleva a cabo sus menesteres: papeleo, arrestos, registros de denuncias, interrogatorios, etc. En el pasillo central se escucha el sonido de las pisadas de unas botas que lo recorren y no van solas. Poco a poco, van dejando atrás las puertas de las oficinas y los despachos. Cruzan entre las mesas de los operarios hasta llegar a una estancia. Allí, Ortega se detiene y da órdenes a sus hombres.)

ORTEGA: Abran la puerta de los calabozos. Quiero ver a nuestro nuevo invitado.

GUARDA 12: Sí, señor.

(Inserta una llave de hierro que libera la cerradura de una enorme plancha férrea. Las tres figuras van caminando por el pasillo que separa a ambos lados las celdas hasta llegar a la última, la del final del pasillo, la de máxima seguridad.)

(En su trayecto, una voz irrumpe,
profiriendo con quejas y demandas.)

MOHA: (Sacando los brazos entre los barrotes.) Comida, dadnos comida. Nos morimos de hambre.

ORTEGA: (Con desprecio.) ¡Cállate, moro mierda!

MOHA: Sí, seré un moro mierda y tú un españolito con el orgullo herido tras la derrota. Tal vez deberíais ir colgando la bandera boca abajo[59].

ORTEGA: Serrano, que a partir de ahora este preso solo reciba torreznos de cerdo para comer.

SERRANO: A la orden, señor.

(Se gira la manivela. La plancha de acero comienza a moverse. Dentro hay una pequeña estancia pétrea sin ningún tipo de comodidad, salvo un lecho de paja y un ventanuco por donde entra el sol y el aire.)

(Agazapado en el suelo hay una figura. Abraza sus piernas mientras tirita y castañea por el frío. En su frente aún quedan restos de sangre solidificada, emanada de las contusiones recibidas cuando lo hicieron preso. Los ojos, hundidos en las cuencas por el frío y ante el miedo. Son de color gris con pigmentaciones rojizas. De

---

[59] Colocar la bandera boca debajo de una nación es un significado de derrota y humillación, y así sucedió en una de las reuniones entre Pedro Sánchez Pérez-Castejón con Mohamed VI de Marruecos.

cabellos flamígeros, posee un intenso color naranja en un cuero cabelludo engrasado y barba desalineada.)

ORTEGA: Dejadnos. Puedo llevar este interrogatorio yo solo.

(Ortega se queda solo después de que su compañero se vaya cerrando la puerta.)

ORTEGA: Espero que nuestro hospedaje haya sido de su agrado. Uno no encuentra todos los días una celda tan confortable y aislada para sí mismo.

PRESO: Las alcantarillas son un palacio en comparación con esto.

ORTEGA: ¿Está usted comparando una cloaca infesta con una celda, que se mantiene con los impuestos de todos los españoles?

PRESO: De igual modo, da igual arriba que abajo, a la izquierda que a la derecha. España es una gran cloaca infesta que te invita a abandonarla… A no ser que se purgue.

ORTEGA: ¿Y cómo piensa llevar a cabo esa purga?

PRESO: Mediante la libertad.

ORTEGA: (Repitiendo.) Mediante la libertad. ¿Acaso no hay libertad suficiente? Para transitar las calles, subir al tranvía, ir al trabajo, comprar algo para comer.

PRESO: ¿Llama usted libertad a la servidumbre?

ORTEGA: Los españoles viven así. Les gusta vivir así y aman este modo de vida. Desconocen otra forma de vida.

(El preso se pone en pie.)

Preso: No, mientras haya quienes tengan algo que decir en respecto a eso.

(Ortega se pone en pie detrás del preso.)

Ortega: Y, dígame... (Coloca sus manos sobre las caderas del preso.) ¿Qué es eso? ¿Qué tiene que decir al respecto?

(Ortega comienza a besarle en el cogote.)

Preso: (Con aspavientos y moviéndose a trompicones.) ¡Apártese de mí!

Ortega: ¿Qué teme? Aquí nadie va a hacerle daño.

Preso: ¡Mírese! Una fachada de puro patriotismo para ocultar su verdadera naturaleza.

(Ortega se acerca a la pared tomando unos grilletes
que cuelgan de esta.)

Ortega: ¿Y cuál es?

Preso: Un desviado.

Ortega: (Hablando de espaldas.) ¿El qué?

Preso: Un anormal, un desviado, un marica de esos. Su fachada patriótica y de recta disciplina es para ocultar lo que realmente es: alguien que no es aceptado por la sociedad. Alguien a quien no acogerían en el cuerpo. Una anomalía de la naturaleza. Un despojo de Dios.

(Ortega da media vuelta, con las manos a la espalda,
y se acerca despacio.)

ORTEGA: ¿Ha terminado?

PRESO: (Intentando contener los temblores.) Sin reservas.

ORTEGA: (Bajando la mirada hacia el suelo.) Está bien.

(Ortega devuelve la mirada hacia el preso. Con una mueca, aprieta la mandíbula. Gira el rostro y, con gran rapidez, comienza a asestarle golpes, aferrando los grilletes con sus manos.)

ORTEGA: ¡¿Quién es un invertido?! (Asesta con la zurda) ¡Yo no soy un desviado! (Ahora golpea con la diestra) ¡No soy un desviado, padre, yo no soy un desviado, no estoy enfermo, padre, padre, padre!

(Ortega da un sinfín de golpes a mano de hierro, que quiebran al preso que se encuentra en aquella celda. Ortega se despoja de los grilletes y limpiándose la sangre.)

ORTEGA: (Gritando.) ¡Serrano!

(Serrano abre la puerta de acero y asoma la cabeza.)

SERRANO: ¿Sí, señor?

(Ortega continúa frotándose las manos.)

ORTEGA: Al final… me hubiera venido bien algo de compañía. Resultó ser más indómito de lo esperado.

SERRANO: Comprendo, señor.

(Ortega gira la cabeza levemente de espaldas al cadáver.)

ORTEGA: Que preparen un funeral para este despojo.

SERRANO: Sí, señor.

ACTO 6

(Finaliza abril dando paso a mayo. El calor se va notando y las horas diurnas, también. Las noches no van durando tanto, sin impedir que nuestros tunantes sigan haciendo de las suyas. Y más les vale, porque junio se acerca y, con este, la prueba del Tribunal.)

(A pesar de las circunstancias, Gabriel Mendoza y Manuel Montalbán parecen no escatimar en sus trasnoches, dejándose caer en cada tentación.)

MANUEL MONTALBÁN: (Borracho.) Vámonos, Gabriel, a La Lupa. Hay unas jovenzuelas a las que me apetece fornicar.

GABRIEL MENDOZA: (Trabándose la lengua por la embriaguez.) ¿No tuviste suficiente con la última?

MANUEL MONTALBÁN: (Tambaleándose.) ¿La noruega?

GABRIEL MENDOZA: (Curvándose hacia detrás.) Esa.

MANUEL MONTALBÁN: (Apoyándose sobre su amigo.) Era demasiado grande y fortachona; más que una fémina, parecía un hombre… o una mula. Aunque buenas eran sus ubres.

Gabriel Mendoza: (Abrazando con la zurda el costado de su amigo y alzando la diestra.) Pues no hay más que hablar. Tiene dos, una para cada uno.

Manuel Montalbán: Vámonos.

***

(Ambos salen de La Loba apaciguados sexualmente,
aunque más embriagados que cuando entraron.)

Gabriel Mendoza: (Casi gateando.) Nicolasa no hace malos servicios.

(Manuel Montalbán se sujeta en una farola.)

Manuel Montalbán: Un pecho suyo es suficiente para quedarte abrazado y dormir toda la noche.

(Gabriel Mendoza mira el reloj.)

Gabriel Mendoza: Mañana hay que ir a clases. Como lleguemos tarde, el maestro nos tuerce.

Manuel Montalbán: (Dirigiéndose a un perro.) Hasta mañana.

***

(En la calle del Almendro, el joven Montalbán regresa como puede. Tambaleándose por la calle, encuentra en la entrada del portal a la asistente del edificio.)

Estefanía: Vaya provecho de hijo, regresando a estas horas y con estas formas.

Manuel Montalbán: (Hipando.) Bue... Buena... Buenas tardes. ¡Hic!

ESTEFANÍA: (Recriminando.) Buenas tardes, buenas tardes, ¡serán buenas noches! Vaya piltrafa y desperdicio de hijo. Y pensar todo el sacrificio que llevan haciendo tus padres para ahora esto...

(La madre de Manuel se asoma desde la ventana.)

MADRE: ¡Estefanía! Deje en paz al muchacho y de pregonarlo a los cuatro vientos. Recibirá su merecido en cuanto suba.

(Estefanía mira hacia arriba y extiende la mano derecha mientras se apoya sobre la escoba.)

ESTEFANÍA: Quiera Dios que esta noche, cuando esté follando con el marido, se quede muerta.

MADRE: (Asustada.) ¡Uy, Jesús misericordioso!

(En la casa de Manuel Montalbán, en la diminuta estancia, el joven se recuesta en una silla mientras lucha al inclinarse de un lado a otro para no caerse.)

PADRE: (Con desánimos.) Yo no digo nada.

(La madre se tapa la cara con las manos mientras llora.)

MADRE: Hay que ver cómo ha acabado.

PADRE: Este es el agradecimiento que nos tiene tras largos años de sacrificio.

MADRE: Ahora, ¿qué vas a hacer? Te queda menos de un mes para la prueba del Tribunal y, tal y como vas, no creo que seas capaz de superarla, ni de personarte siquiera.

Padre: ¿Qué va a hacer? Ponerse como jornalero. Ya no nos queda para pagar.

Manuel Montalbán: (Recobrando un poco el sentido.) No es para poneros así.

Padre: Tú siempre ves las cosas despreocupadas. Así te va, que vas a ser un puro desgraciado.

Manuel Montalbán: Que no, que Gabriel, como su familia es noble y a él le van a aprobar, me ha prometido que hará que a mí también me aprueben.

Padre: Y tú eres tan bolo que te lo crees.

Manuel Montalbán: Gabriel es mi amigo. Él nunca me mentiría.

Padre: (Furioso.) ¡Nos ha jodido! Con buen bolo, bien se jode. A él le aprobarán por ser quien es, pero ¿a ti? ¿A ti quién te lo garantiza, si no eres de casta nobiliaria?

(El padre de Manuel hace una pausa antes de seguir hablando.)

Padre: Y, en el caso, de que sea verdad, si a tu amigo Gabriel, por el tipo de vida que lleva, le sucede algo, ¿te has parado a pensar qué harías? ¡Que no nos queda dinero! ¡Que lo último que teníamos se ha gastado en este último curso en el que deberías haber pasado a la universidad! Si no pasas el Tribunal, ya no nos queda más con lo que pagar otro año. Todo un sacrificio, tirado a la basura.

Manuel Montalbán: (Alzando la cabeza.) Podríais suicidaros.

Padre: ¡Joder!

Manuel Montalbán: Lo digo en serio. Podríais suicidaros y así recibiría una pensión de orfandad con la que seguir pagando los estudios.

Padre: (Derrumbado.) Esto es lo que le importamos a nuestro hijo.

Madre: ¡Qué desgracia!

126

ACTO 7

(12:00 de la mañana del 20 de mayo. Tras casi seis horas de viaje ferroviario y una tirada en carruaje, los empresarios americanos llegan al puerto de Huelva.)

(Jon Foster es el primero en salir del carruaje. Con aspavientos y sonido sordo, escucha las olas del mar que rompen en la bahía y los graznidos de las gaviotas en el aire.)

JON FOSTER: (Sofocado.) Creí que iba a asfixiarme en este viaje.

ELI ISAAC: (Ajustándose el sombrero.) No te quejes tanto, que hemos viajado en los mejores medios.

DYLAN FOSTER: (Tímidamente.) Estamos en mayo, es normal que vaya haciendo calor.

JON FOSTER: El calor de aquí no es comparable al de Ohio. No me extraña que, por poco, me asara vivo. Estoy deseando dejar este país.

ELI ISAAC: (Calmando la situación.) Bueno, bueno, hemos llegado al puerto. Vamos a revisar las exportaciones. Llevamos casi ocho meses realizando importaciones en América. A estas alturas, deberíamos estar en el momento de generar beneficios.

(Se acercan a la bahía, repleta de fragatas de veleros y barcos pesqueros. En uno de los muelles, un naviero de la compañía Cunard Line[60] es cargado con las reses en jaulas.)

Eli Isaac: Ahí está nuestra mercancía.

Dylan Foster: Nuestro futuro.

Jon Foster: Mi oro negro.

(Una sacudida de viento huracanado mece el gancho de la grúa, haciendo que las cuerdas que aferran la jaula terminen cediendo.)

Eli Isaac: ¡Cuidado con la carga!

Dylan Foster: (Con grito ahogado.) ¡A cubierto!

Jon Foster: ¡Mi dinero!

(Cae la jaula con la exportación porcina al mar. Los barcos pesqueros y veleros cercanos lanzan sus redes y sus cuerdas al mar para rescatar la carga.)

(Al llegar al puerto, una decena de hombres tiran con todas sus fuerzas de las cuerdas para sacar a los animales a tierra firme. Algunos de ellos se habían ahogado y, otros, su piel comenzaba a clarear, como si se hubiera abierto en dos en el impacto contra los hierros.)

Pescador 1: Hemos conseguido sacar a flote su carga. Revisen a ver que se puede salvar.

---

[60] Compañía de cruceros británica fundada en 1839 que se fusionó con la compañía White Star Line, dando como resultado La Cunard White Star Line, empresa naviera británica que surgió en mayo de 1934, siendo una de las principales operadoras de transatlánticos entre 1934 y 1949. De entre sus barcos destacan el Olympic, el Britannic y el famosísimo Titanic.

ELI ISAAC: (Faltándole el aire.) Gracias.

DYLAN FOSTER: Apenas una decena ha conseguido salvarse.

ELI ISAAC: Este imprevisto va a ser un duro golpe.

PESCADOR 1: Señores, revisen a sus reses. Parece que ese superviviente de ahí se ha abierto la piel con el impacto. Empieza a clarear.

JON FOSTER: (Con soberbia.) ¡Ya me hago cargo! Ven aquí, billetito verde, ¿qué te has hecho?

(Jon Foster pasa su mano por encima del animal,
quedando un pegote negro sobre su palma.)

JON FOSTER: (Exaltado.) Un momento... ¿Esto de aquí qué es?

(Jon Foster devuelve la mirada al puerco, al que tira al agua
y comienza a frotarlo. Tras sumergir al animal y sacarlo a la
superficie, este queda completamente limpio, mostrando una
viva piel color rosa.)

JON FOSTER: (Colérico.) ¡Pintura, pintura! ¡Todos estos meses hemos estado exportando cerdos pintados de negro[61]!

ELI ISAAC: Hemos venido pensando que teníamos una ligera ventaja sobre los españoles para, finalmente, terminar siendo estafados.

DYLAN FOSTER: Esto es la pérdida de nuestra reputación. Es el fin de la compañía.

---

[61] La estafa del cerdo pintado de negro para hacerlo pasar por magro fue empleada por los ganaderos de Extremadura y Andalucía anteriormente citados, y también por los que financiaban a Santos, Espósito y de los Ríos. Esto es una muestra tanto de la picaresca hispánica como de la usura capitalista.

Jon Foster: Ya podemos dedicarnos a fabricar balas y, aun así, seguro que dirán que no dan en el blanco. Eli, pregunta cuál es el próximo ferri que zarpa hacia América. Quiero dejar atrás esta tierra maldita.

ACTO 8

(El sol de junio se alza en el horizonte. Un año está por terminar y una cacería está por darse.)

(En la apacible mañana del 15 de junio de 1923, un viernes, para ser exactos, Gabriel Mendoza y Manuel Montalbán se dirigen hacia Arenosa. Hablan de sus preocupaciones que, más que sobre sus estudios y porvenir, es sobre el peligro que se cierne sobre ellos.)

MANUEL MONTALBÁN: ¿Fueron sorprendidos por la guardia?

GABRIEL MENDOZA: Así es. Cayeron en una emboscada.

MANUEL MONTALBÁN: ¿Y cómo es que no los detuvieron a todos?

GABRIEL MENDOZA: Salvo uno, los demás consiguieron escapar.

MANUEL MONTALBÁN: Me arden las entrañas igual que si hubiera estado mascando hiedra. Horca, horca, horca y tendríamos un problema menos.

GABRIEL MENDOZA: ¿Quién te augura que no seamos nosotros los que pendan de una soga? Tras la intrusión de la guardia en su guarida, es obvio que alguien les informó. Pensarán que habré sido yo.

Manuel Montalbán: ¿Qué tienes pensado hacer?

Gabriel Mendoza: Esta tarde nos reuniremos con Dieguito.

Manuel Montalbán: Hablando sobre problemas, el Tribunal es la semana que viene y…

Gabriel Mendoza: ¿Sigues con eso? Ya te dije que no tienes que preocuparte por la prueba mientras que sigas conmigo.

(La tarde es agradable. La brisa comienza a avisar de la llegada de vientos estivales. Mientras, la luz busca ocultarse en el poniente.)

(En la calle de Alcalá, Gabriel Mendoza y Manuel Montalbán van andando hasta llegar a la altura del número 59[62]. Allí, llaman a la puerta.)

Séptimo: Santo y seña.

Gabriel Mendoza: España siempre.

Séptimo: Entrad.

Dieguito: Saludos, caballeros.

Gabriel Mendoza y Manuel Montalbán: (Al unísono.) Saludos, Dieguito.

Dieguito: Parece ser que andan en un apuro.

Gabriel Mendoza: Y en uno muy bueno.

Manuel Montalbán: Tienes que ayudarnos.

Dieguito: (Levantando la mano.) Eso haré y esas fueron mis intenciones la otra vez.

Manuel Montalbán: ¿La otra vez?

---

[62] Referencia al James Joyce Irish Pub de Madrid, que actualmente se encuentra en esta altura en la calle Alcalá.

GABRIEL MENDOZA: ¿Estás diciendo que fuiste tú quien envió a la guardia aquella noche?

DIEGUITO: Más bien dejé caer una idea volandera: que les diera por registrar los subterráneos. Confiaba en que pudieran atraparlos. Desviada su financiación y con ellos entre rejas, era una pesada carga que nos quitábamos de encima. Aunque los planes no siempre salen como parecen.

SÉPTIMO: (Con sarcasmo.) ¿Cuándo ha salido bien un plan tuyo?

DIEGUITO: Mi viejo amigo, querrás decir: ¿cuándo han sido desacertados mis planes? Yo siempre acierto.

SÉPTIMO: Por eso empezó a declinar mi suerte desde que empecé a juntarme contigo.

DIEGUITO: Pondremos nuestros asuntos en orden más tarde. Ahora, lo que nos atañe. Gabriel, tenías algo que contarnos.

GABRIEL MENDOZA: Al parecer, tras la incursión de la guardia, los subterráneos han dejado de ser una guarida segura. Andreu ha deslocalizado a los suyos hasta Ciudad Lineal para guarecerse entre las obras.

DIEGUITO: El señor Soria[63] tendrá que esperar un tiempo hasta que su proyecto sea finalizado. Quiero que esta noche os personéis allí. Séptimo, ¿tienes listo tu trabuco? Vamos de cacería.

(Séptimo coge su trabuco y lo cuelga sobre su hombro.)

SÉPTIMO: ¡A punto!

***

---

[63] Arturo Soria y Mata fue urbanista, constructor, geómetra, arquitecto y periodista español, conocido por ser el artífice del diseño y desarrollo de la Ciudad Lineal de Madrid.

(Es medianoche. Luna nueva en estado creciente, sin apenas estrellas en el firmamento que arrojen luz. Es una noche cerrada. La única iluminación son las hogueras encendidas por los hombres de Andreu entre los bloques de hormigón.)

Andreu: Me hielo de frío… (Estornuda.) Prefiero la lobreguez de la tierra antes que la inhóspita superficie. ¡Como le eche el guante a ese canalla que nos delató!

Gabriel Mendoza: Aquí me tienes, Andreu.

Andreu: Tendrás valor.

Manuel Montalbán: Que sepáis que no ha venido solo.

Gabriel Mendoza: Andreu, yo no os delaté. Fue otra persona.

Andreu: ¿Y esperas que te crea?

(Helena se alza con la agilidad de un gato. Desenvaina un puñal y aferra a Gabriel Mendoza por la garganta.)

Helena: Es una pena que tengas que morir ahora. Te hubiera enseñado muchos secretos sobre las mujeres.

(Séptimo aparece apuntando con su trabuco a Helena. Dispara, haciendo que esta salga volando por los aires. Dieguito emerge de las sombras.)

Dieguito: Como bien ha dicho… (Desenvaina su estoque.) ¡No ha venido solo!

Andreu: ¡Replegaos!

(De entre la oscuridad surgen un sinfín de bandidos: anarquistas, lúmpenes, gitanos, ladrones, canallas y gente de mal vivir. A todos ellos van poniendo fin Séptimo, con su maestría en combate, y Dieguito, con su maestría con el sable.)

DIEGUITO: (A viva voz.) Séptimo, parece ser que el cabecilla ha aprovechado el tumulto para escapar. Síguelo.

SÉPTIMO: De ese me encargo yo.

DIEGUITO: Muchachos, poneos a cubierto.

MANUEL MONTALBÁN: Yo me quedo con Dieguito, por si necesita ayuda. Tú sigue a Séptimo. Personalmente, tienes cuentas que ajustar con Andreu.

GABRIEL MENDOZA: Hecho.

MANUEL MONTALBÁN: Nos vemos.

GABRIEL MENDOZA: Nos vemos.

(Gabriel sube detrás de Séptimo por las escaleras en hormigón desnudo en la persecución de Andreu.)

(Dieguito se queda en la parte inferior, haciendo frente a los maleantes que van apareciendo. El último de ellos, en vez de abalanzarse sobre Dieguito, va directo a Manuel Montalbán.)

(Al percatarse, Dieguito se lanza, dando un traspié y una media vuelta sobre sí mismo, rematando así al último de los malhechores.)

(Estoque quebrado. Patilargo enfundado en capa negra con bordes violetas, al igual que la cinta de su sombrero de copa, se derrumba sobre el suelo. Apoya la espalda sobre un pilar mientras observa su reflejo en un charco de agua alumbrado por la lumbre de una de las hogueras.)

DIEGUITO: (Con desaires.) Es curioso, recuerdo que alguien me dijo que, el día que viera mi reflejo, sería mi fin como tunante.

(Lo dice mientras un filo hilo de sangre brota
por su cuello, quedando allí yacente.)

***

(En el piso superior, apenas hay un haz de luz que lo ilumine. Séptimo y Gabriel buscan dar caza a Andreu, aunque será este quien la dé primero.)

(Andreu, veloz como un rayo, aferra a
Gabriel Mendoza para alzarlo.)

ANDREU: Este es el precio por tu traición, chico.

(Tras decirlo, lo arroja piso abajo.)

SÉPTIMO: ¡No!

(Séptimo, tras el intento fallido de salvar al muchacho, agarra a Andreu por el cuello, levantándolo unos pies en el aire y estrangulándolo.)

(En busca de librarse de su agonía, Andreu saca una pequeña pistola que acciona sobre el pecho de Séptimo, sin conseguir que este afloje sus manos.)

ANDREU: (Hablando apenas sin aire.) No lo entiendo. Ese disparo ha debido perforarte el corazón. Tendrías que caer muerto.

Séptimo: (Esbozando sus últimas palabras.) La pasión no puede ser comprendida, por aquel que no la experimenta[64].

(Ambos mártires se desploman sobre el suelo.)

***

(Sobre las barras de hierro, en el piso inferior, se encuentra Gabriel Mendoza, bocarriba con brazos y piernas extendidos y con la cabeza ladeada hacia la izquierda.)

(Su cuerpo se encuentra sin vida.)

(Manuel Montalbán se acerca al cadáver de su amigo.)

Manuel Montalbán: Gabriel, Gabriel, vamos dime algo.

(En ese momento, es consciente de lo que eso significa.)

---

[64] Frase escrita por el escritor Dante Alighieri.

ACTO 9

(Plaza de Cibeles. Se concentra una muchedumbre agitando banderas de España. Gaspar[65] se dispone a dar un discurso ante el reconocimiento de los supuestos actos heroicos de Iván[66] y Ortega[67].)

GASPAR: (Dirigiéndose a la multitud.) ¡Queridos compatriotas, estamos reunidos hoy aquí, orgullosos y sin complejos, para honrar tan heroico acto de dos de los dirigentes de esta espléndida guardia!

MUCHEDUMBRE: (Vitorea calurosamente azuzando las banderas.)

GASPAR: En la madrugada de este sábado, en las construcciones que serán conocidas como Ciudad Lineal, se cometieron actos atroces.

MUCHEDUMBRE: ¡No se pueden permitir! ¡No se pueden volver a repetir! ¡Que no quede malhechor sin justicia!

GASPAR: Un grupo desertor de redimidos anarquistas asesinaron vilmente al primogénito de los Mendoza.

---

[65] Referencia a Santiago Abascal Conde.
[66] Referencia a Iván Espinosa de los Monteros.
[67] Referencia a Javier Ortega Smith-Molina.

Muchedumbre: ¡Impermisible! ¡Intolerable!

Gaspar: Y, además de eso, se ha conseguido capturar a quienes llevaban saqueando las bodegas de los bares y establecimientos para hacer estraperlo con el alcohol. Un pícaro tunante y un excombatiente que, ante su ostracismo, no tuvieron mejor porvenir para sus miserables vidas. Sus cuerpos serán hoy velados y enterrados de acuerdo con nuestra moral cristiana misericordiosa.

Muchedumbre: ¡Viva Cristo rey!

Gaspar: Nuestros queridos mandos de la guardia están hoy aquí presentes...

(Suben al estrado Iván y Ortega con vendajes y andando
con muletas, fingiendo tener sus cuerpos lastimados.)

Gaspar: Sus cuyos actos de heroicidad han puesto fin a una trama de complot anarquista, con el desafortunado pesar de que no pudieron salvar la vida de Gabriel Mendoza.

Muchedumbre: ¡Viva Iván!

Muchedumbre: ¡Viva Ortega!

Guarda 13: ¿Realmente creéis que han sido Iván y Ortega quienes hicieron tales proezas?

Guarda 14: A saber.

Guarda 15: Se nota que están fingiendo. Esos no se han deslomado en su vida.

Guarda 16: A saber quién fue el autor de tales actos por los que se están llevando ellos los méritos...

Guarda 17: ¡Todo por la poltrona!

GASPAR: (Finalizando su discurso.) Y por ello, podemos decir que España tiene la mejor guardia posible, en el mejor momento posible[68].

MUCHEDUMBRE: ¡Viva la guardia!

MUCHEDUMBRE: ¡Viva España!

---

[68] Frase insignia de propaganda política de Vox cuando exponía: «Tenemos el peor gobierno posible en el peor momento posible».

ACTO 10

(5 de septiembre. La luz va decreciendo y los días van siendo más cortos, pues es obvio que se acerca el equinoccio de otoño.)

(Manuel Montalbán, tras haber sido incapaz de superar el Tribunal y con la muerte de su amigo, da vueltas de aquí para allá, en especial por el parque del Buen Retiro, pensando en qué hacer con su vida.)

(En el atardecer retorna a su hogar en la calle del Almendro. Escasos metros antes de llegar al portal de su casa, se encuentra un tugurio de gente concentrada, murmurando y cuchicheando, y con la presencia de miembros de la guardia.)

ESTEFANÍA: ¡Ahí está el causante de tanta desdicha! ¡Tú! ¡Te habrás quedado bien a gusto!

VECINA DEL 2.º: ¿Es que usted no puede guardar respeto ni en un momento como este? ¿No tiene boca para cerrar?

ESTEFANÍA: ¡Sí, señora! Yo tengo boca para cerrar... (Llevándose una mano al rostro.) Y culo para cagar... (Llevándose la otra mano a sus posaderas.)

VECINA DEL 2.º: Está visto que no hay quien pueda con esta mujer.

(La vecina del bajo es una anciana cubierta
por pañuelo y prendas negras.)

VECINA DEL BAJO: ¡Pobre Manuel! Muchacho, es una absoluta desgracia. Ven aquí que te dé consuelo.

GUARDA 18: ¿Es usted Manuel Montalbán?

MANUEL MONTALBÁN: (Desorientado.) Sí, señor.

GUARDA 18: (Le entrega un sobre) Ten esto… Es una carta que escribieron tus padres antes de… Bueno, tómala y acompáñame a Gobernación.

(Manuel Montalbán abre la carta y comienza a leer.)

Querido Manuel.
Hemos estimado la pensión que te quedará por orfandad: son unas 500 pesetas, ¡adminístralas bien! Con ese dinero te será suficiente para pagar una nueva inscripción y tener una última oportunidad para sacar tus estudios.
A pesar de todos los disgustos que nos has dado y todo el esfuerzo que nos has costado sacarte adelante, si con nuestro sacrificio conseguimos darte los recursos necesarios para que puedas acceder a una vida digna, gustosos lo haremos. Un padre siempre mira por un hijo.
La vida que te va a tocar llevar va a ser más dura que antes y nosotros no vamos a seguir ahí para poder protegerte, así que sé cauto y cuídate.
Sin importar cómo sea la postrera, seguiremos velando por ti desde el otro lado.
Te queremos, tus padres.

Alejandro, Mamen

MANUEL MONTALBÁN: (Mientras una lágrima recorre su rostro hasta caer sobre la carta, emborronando la tinta de la firma[69].) ¡Padre, madre!

---

[69] La vida no da segundas oportunidades y, de hacerlo, es a un alto precio.

FIN DE LA OBRA